JN042630

ひっくり返す人類学

生きづらさの「そもそも」を問う

奥野克巳 Okuno Katsumi

★――ちくまプリマー新書

464

目次＊Contents

序章　人類学でひっくり返すとはどういうことか？……9

第1章　学校や教育とはそもそも何なのか……29

序章　人類学でひっくり返すとはどういうことか？

二〇二二年二月、ウクライナにロシアが侵攻し、戦争が勃発しました。続いて二〇二三年には、パレスチナのガザ地区を支配するハマスとイスラエルのあいだで戦争が起きました。

戦争は二一世紀になった今日でも絶えることなく続いています。いったい人間はなぜこんなにも戦争を必要とするのでしょうか？

戦争になれば、住み慣れた町は廃墟《はいきょ》と化し、住民は生き延びるためにそこから逃げなければなりません。つねに命の危険にさらされ、親しい人や近しい人の命を奪われ、人々は身も心も疲れ果ててしまいます。戦争によって、人々は様々な困難を抱えながら、国を呪い、人を呪うのです。

1　「精神の危機」によって生まれた人類学

国家間の戦争というのはいつの時代にもあります。今から一〇〇年以上前にもヨーロッパで大規模な戦争がありました。一九一四年から一九一八年にかけては、ドイツ、オーストリア、オスマン帝国などと、イギリス、フランス、ロシアなどのあいだで、第一次世界大戦が勃発し、八五〇万人のヨーロッパ人の命が奪われたとされます。

フランスの詩人ポール・ヴァレリーが評論「精神の危機」の中で、ヨーロッパは戦争を止めることができなかったし、ヨーロッパ人が築き上げてきた知は無力であると唱えたのもこの時代です。世界の中心のようにふるまい、様々な富や知識を蓄えてきたヨーロッパ諸国でしたが、大規模な戦争によって人々は精神的・物質的な危機に陥り、生きづらさを感じ始めたのです。

そしてちょうどその頃、ヨーロッパ内部に閉じているだけでは不十分であると考え、ヨーロッパ以外の世界に赴いて、そこで暮らしながら人間の生き方を探ろうとしたのが、本書が基盤とする人類学でした。人類学という学問は、戦争という負の歴史とともに発展してきました。

一九一四年、調査研究でオーストラリアに滞在していたブラニスワフ・マリノフスキは、滞在中にヨーロッパで第一次世界大戦が勃発したためイギリスに帰還することができなくなりました。彼はこの機会を生かして、ニューギニアに長期のフィールドワークに出かけます。現地の人々とともに暮らし、そこで人々の生きざまを目の当たりにして、詳細な記録を残したのです。

現代の人類学は、住み慣れた土地を離れて主になじみの薄い土地でフィールドワークを行う際に、「参与観察」という手法を採用していますが、それはこのマリノフスキの調査研究からスタートした手法でした。それまでは文献を読むことに頼って進められてきた人類学の研究でしたが、参加し、観察もしながら、細部の記述と分析を施す点で、参与観察に基づく調査研究は、従来の研究手法よりも優れていました。また、調査結果は「民族誌（エスノグラフィー）」という調査報告書としてまとめられ、世界中の人々がそれぞれの環境に適応しながら暮らしていることを、ほかの場所にいても詳細に知ることができるようになったのです。

人類学ではその後、特にヨーロッパから離れた土地に暮らす人々がどのような生を営んでいるのかに焦点をあてた研究が続けられてきました。人類学者は単純に、ある人々「について」の民族誌を書くために、ヨーロッパの外部に出かけたのではありません。人類学者は、人々「とともに」人間の生き方を学ぶためにヨーロッパの外部に出かけて行って、その土地に住み込んだのです。フィールドワークとは単なる観察ではなく、その土地の人々「とともに」人間の生に関する理解を深めることなのです。

私自身は大学院生のころから三〇年近くにわたって、とくに東南アジア地域を主なフィールドとしながら人類学の勉強を続けてきました。最初は、一九九〇年代半ばに二年間、インドネシア領の西カリマンタン州でカリスと呼ばれる焼畑稲作民の村に住み込んで、シャーマニズムや呪術などの長期調査研究を行いました。

具体的には、バリアンと呼ばれるシャーマンによって夜通し行われる治病儀礼に参加し、その全てを録音した上で、それらを文字起こしし、さらにカリス語からインドネシア語に、そして日本語に翻訳しました。また、カリスの人々が日常的に語る呪術への恐れやその実践をできる限り収集したりもしました。そしてそれらをデータとして用いて、シャーマンやカリスの人々が見ている世界がどのようなものであるかや、カリスの呪術信仰の見取り図などを、民族誌の中に描いたのです（民族誌においては「書く」を「描く」と言うことも多いです。まさに現地の様子を描くように書くからでしょう）。

カリスの人々の暮らしは私に、日本列島の農民のかつての姿のようなものを思い起こさせました。とても懐かしい農村の風景が、そこにはあるように思えたのです。

カリスのフィールドワークを終えたあたりから私は、同じボルネオ島に暮らす狩猟採集民プナンに関心を寄せるようになりました（ただし、同じボルネオ島ではありますが、カリスがインドネシア領だったのに対してプナンはマレーシア領になります）。

プナンとは、ボルネオ島に住む狩猟採集民および元狩猟採集民に与えられた民族の総称です。今もなお狩猟採集だけに頼って暮らしている人たちがいるということに、私は大いに興味をそそられたのでした。農耕以前の段階の、人類の古い生業《せいぎょう》である狩猟採集を参与観察して、人々の暮らしを見てみたいと思うようになったのです。そこに、人間の原初の暮らしがあるのではないかと想像したのです。

その後、二〇〇〇年代の半ばに、当時勤めていた大学から研究休暇をもらって、一年間にわたってプナンのフィールドワークを実施することにしました。くわしいことはのちのちお話ししていきますが、その後も二〇二四年の春に至るまで、コロナ禍の二年半の中断を挟んで、年二回ずつ、二週間から一カ月ほどのフィールドワークを繰り返してきています。二〇二四年で、フィールドワークを始めてから一九年目になります。

フィールドワークでは、狩猟について行って森の中を歩き回り、夜中には地べたに寝たりもしました。時には道に迷ったこともあります。プナンのハンターたちがヒゲイノシシやシカやサルなどの獲物を捕まえて、狩猟キャンプにそれらを持ち帰り、共同体の中で肉を分配するまでの詳細を記述し、分析しました。狩猟に出かけていないあいだにも、神話や民話、人々の日常の語りに耳を傾けて、狩猟採集民プナンの考えややり方を探ったのです。

でも最近ではフィールドワークに行ってもほとんどノートは取りません。小屋で寝っ転がって人々の話を聞いているほうが、一生懸命にノートや録音をとるよりも、プナンの考えていることや、やっていることがよく理解できるように思えるからです。フィールドワークの手法も、長くやっていると変わっていくものなのです。

2 『ひっくり返す人類学』とは何か？

こうしたフィールドワークの果てに、私自身が最近になって新しく始めた試みがあります。それは、単独でフィールドワークをするのではなく、異なる業種や専門を持つ人たちとともにフィールドワークに行くというものです。人類学のフィールドワークは一般的には個人で行われるものですから、研究者ではない業種の人たちと複数人で行くという例はあまり多くありません。しかしこの試みが少しずつ面白い結果を示してきているように感じています。

二〇二四年一月から、仲間たちと「聞き流す、人類学。」と題するYouTube番組を始めました。そのチームのメンバーである加藤志異《かとうしい》さんと喜屋武悠生《きゃんゆうき》さんと、私が講師を務めた市民講座に参加したことのある山田彩加《やまだあやか》さんとともに、二〇二四年三月に半月ほど、プナンのフィールドワークに出かけました。加藤さんは妖怪絵本作家で、りんごの行商などもやっている四〇代後半の男性です。喜屋武さんは、三線《さんしん》の流しやバーの不定期店長などをやっている三〇代後半のマルチタレントです。山田さんは理学療法士の資格を持ちながら、二〇二二年秋から石川県で地域おこし協力隊員として働いている三〇代前半の女性です。

この三人に共通しているのは、現代日本社会の中で定職を得て、すんなりと社会に適応して暮らしているわけではないという点です。そうしないことを意図的に選択したり、もしくは何らかの理由でそれができにくかったりする中で、いろんなことにぶち当たりながらも挑戦を繰り返して生きています。彼らは、生きづらい、生きにくいと感じられる現代日本の現実に疑問を持ち、のびのびとした人間の姿を求めてボルネオの森の狩猟採集民の世界に行ってみようと思ったようでした。

加藤さんは、本書の第2章で取り上げている「ビッグマン」という、プナンにおけるリーダーをテーマとしたノンフィクション作品を書くことを目指しています。ビッグマンは、貧富の格差がなく、権力が一点に集中することがないプナン社会において、人々に頼られ、尊敬される存在です。加藤さんのプナン行のテーマは、このビッグマンに会って対話したり行動を観察したりすることを通して、ひるがえって現代日本社会の経済

著者（撮影：喜屋武悠生）

山田さん（撮影：喜屋武悠生）

や政治への理解を深めてみたいというものでした。加藤さんはそのために面白いアイデアを思いつきました。フィールドワーク中に自らがビッグマンとなって、ビッグマンであることが、そこではどういうことであるのかを探ろうとしたのです。

喜屋武さんは、自身の商売道具でもある三線を持参して、プナンの人々の前で沖縄の歌と演奏を披露し、拍手をもらって、人々と一体化するような演出を何度かしました。プナンの夜這《よば》いの文化にも関心を抱き、チャンスがあれば自ら体験する機会をうかがっていました。我々のYouTube番組の撮影担当としてつねに撮影を続けながら、この機を出発点として、将来はドキュメンタリー映画制作を手がけたいという希望も持ち始めているようでした。

山田さんは、石川県内の限界集落での観光業に従事した経験を皮切りに、同じ石川県での地域おこし隊で仕事をするようになったと言います。今回は、知り合いの住むフィリピンに立ち寄ってから、人々が密に暮らし、プライバシーの片鱗《へんりん》もないプナンの地に足を踏み入れたのです。

プナンたちと行動をともにするようになってから一週間が過ぎた時点で、三人にプナ

喜屋武さんと加藤さん（撮影：山田彩加）

プナンの人たちとともに（撮影：加藤志異）

ンの地での暮らしの感想を聞いてみました。

加藤さんは、日本で自分は他の人たちよりも自由に、「サラリーマン」などのステレオタイプからは逸脱して生きてきたつもりだったけれども、ここに来てみると、家賃を支払わなければならないなど、まだまだ囚われているものが多い気がすると語りました。プナンはさらにもっとずっと気楽に暮らしていると感じたと言います。

たとえば、居候しているプナンの家でプロパンガスの残りがなくなってしまったとき、彼らは事前に心配しなかったことや、準備しておかなかったことを反省することなどが一切なかったのが印象的だったと言います。なくなってからどうしようかと考え始めて、お金を持っている人を捜し始めたのに驚いたと。計画性のない人たちといえばそれまでなのですが、心配や不安を抱えているふうではない暮らしぶりがうらやましく思えたと、加藤さんは述べました。

また、森の中で自然に依存したほぼ自給自足的な暮らしにもかかわらず、お金を出してガスを買う必要があるなど、資本主義的な生活様式も入り込んできている「二重性」のある状態にもまた興味を感じたそうです。

喜屋武さんは、最初、生活用水に使う川の水がドロドロだったり、トイレがなく森の中で排便しなければならなかったり、蚊がたくさんいたりして、はたしてうまくやっていけるか心配だったようですが、だんだんそれらのことはどうでもよくなってきて、そこでの暮らしを満喫し始めていると語りました。彼はまた、日本社会では、自分自身がつねに他人の目を気にしていることに気づいたとも言います。たとえば煙草《たばこ》のポイ捨てに関して、日本での自分は煙草をポイ捨てしないというポリシー自体を大切にしていたというよりも、他人に見られているからそうしていたのだと思うと語ってくれました。

山田さんは、女性ということもあり、川で水浴びをした後にどこで着替えをしたらいいのかと最初は戸惑ったらしいのですが、プナンは誰もそんなことを気にしておらず、全体にプライバシーがないことを実感したと言います。身なりに注意を払わず、人前で鼻クソをほじったりして、何ごとも気にせずにあるがままにいるほうが、実は生きやすいのではないかと考えるようになったようです。

「自分ときちんと向き合おう」という言葉が日本のSNSでは氾濫しているのですが、それってほんとうに必要なことなのだろうかと彼女は自問します。日本では、自らが個人的に思い悩む方向に社会が進んでいってしまったのではないかとも。プナンは、自分がどう見られているのかほとんど気にしていないようだし、そのための術《すべ》を持っている気がするとも言います。

さて、加藤さん、喜屋武さん、山田さんというプナンに行った三人がフィールドのど真ん中で語る言葉からいったいどんなことが言えるのでしょうか？　私が思うに、彼らは、プナンの暮らしぶりを見て気づいたことを、彼らの日本での日常生活に関連づけながら考えて語ってくれたように思えます。そしてこれが、参与観察における重要な思考なのです。フィールドワークに行って考えるのは、目の前にいる人々と自分たちの日頃の振る舞いの違いです。ただぼんやりとフィールドの人々を観察するのではなく、自分と比較しながら、自分たちのやり方や考え方を問い直してみることが彼らのやったことだったと言えるでしょう。

プナンと暮らしてみて三人はそれぞれ、自分たちの日本での元々の暮らし方や生き方を見つめ直し始めました。言い換えれば、なじみの薄い土地で経験や直観を頼りにしながら、彼らは、日々暮らしている中で身にしみついてしまった自らの「当たり前」をひっくり返そうとしたのです。そう、「当たり前」すぎて気づかなかった日常を「ひっくり返す」ことこそが、フィールドワークの大きな効用なのです。

本書『ひっくり返す人類学』のタイトルは、そこから来ています。私たちのやり方や考え方をひっくり返してみるのです。これは、物事の根源に立ち戻って存在意義や必要性などを問う一種の「そもそも論」ですが、それを具体的な民族誌の事例の中から考えていくという点は、人類学独自の思考方法と言えるでしょう。

人類学者がこれまでやって考えてきたことも、今回三人がプナンを訪ねてやったこともほとんど変わりません。人類学は、「ゼロ地点」にまで立ち戻って、事柄の本質を問うレベルに達することを目指して研究してきたのです。

冒頭で、ヨーロッパが戦争によって疲弊し精神的な危機を迎えた時期に、ヨーロッパの外部に出かけて行って、危機を乗り越えようと模索を始めたのが人類学だったと述べました。生の困難を抱えた時代に、人類学が世に現れ出たのです。

悲しむべきことに、戦争やそれに伴う政治的迫害や差別など、地球上の人類の生の困難はまだまだ終わっていません。それだけでなく、日常のレベルにおいても、環境危機や健康被害、社会的な強制や同調圧力、格差や暴力などを含め、様々な生きづらさを抱えながら暮らしている人が多いのです。私たちの生はますます混迷の度合いを深めています。人類学を通じて様々な物事を「ひっくり返し」て考えてみることは、私たちの抱えている課題や困難を、その根源にまで立ち返って検討することにつながるのです。

ごく身近な例で言えば、学校に行きたくないという気持ちを抱えている場合、学校に行かなくてもいいのではないかという問いを持つことはあったとしても、「この社会で学校に行く／行かないとはどういうことなのか」「学校というシステムはこの社会に必要なのか」というところまで深く考える機会はなかなかないだろうと思われます。私たちは学校が「当たり前」に存在する社会の内側に閉じこもらされているのです。

しかし、いったんこの社会の外部に出てみると、学校に行くことよりも行かないことのほうが「当たり前」で、先生と生徒という関係性そのものがないような社会に出くわすことがあります。そこから眺める日本の学校はまったく違うふうに見えるでしょう。不登校やいじめ、教育格差などが問題となっている現代日本の学校教育を根本から考え直してみるためにも、「ひっくり返す」思考は必要不可欠なはずです。

そして、私たちの当たり前をひっくり返すために、紹介した三人がボルネオ島に行って見聞きしたことを手がかりに思索をふくらませたように、様々なトピックに関して、民族誌の中から多様な報告を取り出して、手繰り寄せながら進めていきたいと思います。

3　本書が目指す「処方箋」としての人類学

さてそれでは、本書ではどんなトピックをひっくり返して考えてみるのかに関して、簡単に紹介しておきましょう。人類学者たちが「ひっくり返す」ことで自分たちの社会の苦しさや生きにくさについて考えてきたように、本書においても、皆さんの周囲にあるであろう大きな問題について考え、そして少しでもその生きづらさの「処方箋」となることを目指していきます。

第1章「学校や教育とはそもそも何なのか」では、私たちが当たり前だと思っていて、そのあり方をほとんど疑ってみることがない学校教育を取り上げます。現代社会ではだいたい、「教える側」の先生と「教わる側」の生徒がいるなかで学校教育が行われていますが、「教える側」と「教えられる側」がそんなふうには分かれていない社会がありますす。そういった事例から私たちの当たり前をひっくり返してみて、学ぶとはいかなることなのかを探ります。

第2章「貧富の格差や権力とはそもそも何なのか」では、現代社会において、解決できないまままますます複雑化する「貧富の格差」と「権力の集中」の問題を取り上げます。プナンには、貧富の格差がなく、権力の集中がありません。その他の狩猟採集民社会の民族誌事例なども取り上げて、私たちの目の前にある、このとてつもなく大きな問題をひっくり返してみたいと思っています。

第3章「心の病や死とはそもそも何なのか」では、現代日本で増え続ける心の病と、高齢化の影響もあり死者が増える中、いま大きく変わりつつある葬儀を取り上げます。また、うつ病などの心の病が「ない」社会のことや、私たちの心の病とは大きく異なる症状を示す心の病などを紹介しながら、私たちの心の病をひっくり返してみます。さらに、死者について語ってはいけないプナン社会の習慣を取り上げて、私たちの「死」をひっくり返し、死をめぐって日本社会はどこに向かおうとしているのかを考えてみます。

ここは本書のなかでも特に頑張って書いたところです。

第4章「自然や人間とはそもそも何なのか」では、動物や山や川などの「自然」と人間の関係について考えてみます。自然を人間から隔ててきたヨーロッパの歴史を概観した上で、自然と人間のあいだにそれほど差がないと見る先住民たちの世界の捉え方を取り上げて、自然と人間をめぐる私たちの当たり前をひっくり返してみます。そうすると、自然を人間から隔てる考え方は、ひとつの価値観に過ぎないことがわかるはずです。

本書を通じて日常をひっくり返して考えてみることは、私たちの抱えている課題や困難を、その根源にまで立ち返って検討することにつながるでしょう。それでは、ひっくり返す人類学をはじめます。

第1章　学校や教育とはそもそも何なのか

最初に、皆さんにとっても身近な「学校教育」についてひっくり返してみようと思います。考えてみれば、みんなが学校に行き、同じ年齢の人ばかりが集められて勉強を教わるって不思議な気もしますよね。

歴史的に見れば、平安時代や江戸時代の庶民には私たちが想像するような学校などありませんでしたし、今もこの地球上には、学校に「行けない」のではなく、「行かない」子どもたちがいます。世界中に学校があり、教育を受けるのは子どもたちにとっての権利とまで考えられている現代においても、です。

なぜ私たちは今日、学校という制度を当たり前として受け入れているのでしょうか？本章では、そうした問いを考えてみたいと思います。でも本題に入る前に少しだけ、私の子ども時代のお話をします。

1　私の「お稽古ごと」時代

昭和三七（一九六二）年に生まれ、関西のとある地方都市で育った私は、物心ついた頃からたくさんの「お稽古ごと」に通うようになりました。それは昭和四〇年代、ちょうど日本の高度成長期にあたる時期で、「教育ママ」という言葉が使われ始めた頃でもありました。今から思うと、私の母もとても教育熱心でした。

幼稚園生の頃に、電車に乗って絵を習いに行ったのが最初の習い事だったと思います。そして絵画教室が終わったら、絵画教室の近くにある、畳敷きの部屋に墨の匂いのする習字教室にも寄って帰宅しました。別の日には、ピアノも習いに行きました。また、小学校に上がった頃だったでしょうか、カブスカウト（ボーイスカウトの小学生版組織）の野外活動をたまたま目にし、母に「行ってみたい？」と聞かれて、黙ってうなずいたのを覚えています。暫《しばら》くして、それにも参加しました。

その後、英会話も習いに行きました。太っていて動きが鈍かったため、体操教室にも入れられました。近所にあったプロテスタントのキリスト教会の礼拝と日曜学校にも参加し、浄土真宗のお寺の塾にも通いました。母は、私が将来何者かになれるようにと願って様々な習い事をさせてくれたのでしょう。今から思い出すと、習いごとの出費は、全部合わせると相当のものだっただろうと思います（その点で母の言いなりだった亡き父はとても苦労したはずです）。

幼い頃から種々の「お稽古ごと」を含めた幼児教育によって「鍛え上げられていた」のでしょうか、小学校に上がった時に国語の教科書を初めからすらすらと読むことができました。他の生徒があまりにできないので、私は授業中に音読であてられた時に、皆に合わせるために、わざとたどたどしく読んだ記憶があります。絵も、小学校低学年にしては輪郭のはっきりした、他の子たちよりもずいぶん大人っぽい絵を描いたようです。口も達者だったようで、授業が始まっても周りの生徒と話をしていた時、「しゃべっていないで話を聞きなさい！」と先生に怒られた私は、「なんで、先生はしゃべってるんですか？」と問答を吹っかけて、教室の外に立たされたこともありました。

「お稽古ごと」に関しては、全然嫌だったという記憶がありません。妹も同じピアノ教室で習っていましたが、妹のほうは「お稽古ごと」が嫌いだったようで、ある夕方、ピアノ教室の先生から、「妹さんは今日はまだ来られてませんね、どうされましたか」と家に電話がかかってきました。心配した母に頼まれてピアノ教室までの道を歩いて探しに行くと、妹は、人家の陰にうずくまって座り込んでいました。ピアノ教室に行きたくない一心だったようです。

そんなこんなで物心ついた時分から勤しんだ「お稽古ごと」ですが、そのうち何かひとつでもものになったかというと、全然そんなことはありません。一度、中学生になった頃、将来は書道の先生になってみないかと言われたことがありましたが、なんとなく気が進まなかったので断りました。あの時、その申し出を受け入れていたら、ことによると今頃は書道の先生になっていたかもしれません。

2 ピアノ教室の未知の世界

それでも、私の「お稽古ごと」の時代を振り返ってみると、人類学者になるきっかけをそのときすでにつかみとっていたことに気づきます。それは偶然の出来事でした。

ピアノ教室には練習の順番待ちをする部屋があり、たぶん先生の息子さんかご家族の趣味だったと思うのですが、ソファーの後ろの本棚には外国の珍しい風景や人々の写真が掲載された本が何冊か並んでいました。ラクダの背に乗って、砂嵐が吹き荒れる砂漠を家族が渡り歩いている写真や、夜が来ない白夜《びゃくや》の土地があって、そこでは眠るのにはとても苦労するという話が添えられた写真などが載っていました。別の本には、牛をたくさん飼っている男がいて、仔牛《こうし》が生まれ、その仔牛もまた仔牛を生んで、牛の数が増えすぎたので二人目の奥さんをもらわなければならなくなったという不思議な話が載っていました。ハゲワシが急降下したところに人々が走って行って、ハゲワシの獲物を横取りするという話もあったことを覚えています。それらの本は白黒写真であったのにもかかわらず、人々の姿や風景は私の心に深く刻みつけられたのです。

ピアノの練習の順番を待ちながら、写真集や本を通じて、まだ行ったことがない遠くの国々の情景や話に夢中になったのです。小学校低学年頃の私は、そんな写真集や本を見たり読んだりするのが楽しくて、ピアノ教室に通っていたとも言えます。未知の世界への興味を大いにかき立てられたのです。

それ以外にも私が夢中になったものがもうひとつありました。ボーイスカウトの活動です。中学生になって入ったバスケットボール部にはあまり熱中できなかったのですが、他方で、ボーイスカウトの仲間たちと、テントを担いでキャンプに行ったりすることはとても好きになりました。

生きたニワトリを屠《ほふ》って調理して食べたり（最初は残酷に思えたものです）、森の中で鹿の足跡を追跡してみたり、触れてはいけないウルシに触れて肌がかぶれたり……。とにかく、自然の中に足を踏み入れて行うあらゆることには、全く興味が尽きませんでした。ワクワクするとはそういうことなのだと、振り返れば思います。何が起こるのか分からない現実の進行に身を委ねると、世界が生き生きし始めるのです。

そういえば、中学三年生の時に、仲間と赤玉ワインを持って裏山にキャンプに出かけたことがバレたことがありました。というのも、出発前にワインのボトルを一本割ってしまって、セメントの上にワインの跡が残っていたからです。それでも、そんなには叱られなかったような記憶があります。その頃には、自分たちでいつどこにテントを持って出かけるということを企画するようになっていて、それが楽しくて、自分の性に合っていると感じていました。

ということで、たくさんの「お稽古ごと」のうち後につながったものがあったのだとすれば、ひとつはピアノ教室で読んだ未知の世界の写真集や本、そしてもうひとつは、アウトドア活動だったと言えます。未知の土地に行ってみることに深い憧れを抱いていたし、野外活動を含めて、どんなところでも暮らしていけるという体力面での自信が、知らず知らずのうちに自分自身の中に育っていったのでしょう。いろいろな「お稽古ごと」に通いましたが、結局何を選び取ってどう突き詰めていくのかは、誰かに教わるものではなくその人自身が探っていくものなのだと感じます。

その後、二〇歳の時に初めての海外旅行で出かけたのが、メキシコのシエラマドレ山脈の山の中に住む先住民の村でした。その旅から帰った時にはまだはっきりとは人類学の道を意識していなかったのですが、その後も海外への旅を続け、紆余曲折《うよきょくせつ》を経て私は、見知らぬ人たちとともに暮らして研究をする人類学者になりました。

ここからは、私自身が受けたこうした学校教育と「お稽古ごと」が入り乱れた「学び」の経験を踏まえながら、今度はぽーんと私たちが知らない世界にいったん飛び出てみて、そこでの「学び」を見てみようと思います。世界の広がりの中で、人類学を通じて、学校教育や学びというのがいったい何であるのかを考えてみます。

3　学校教育とは何か

たぶん、現代日本において「学ぶ」というのは、いましがた私が述べたような、学校で学ぶことと自分自身で学ぶことが合わさったものなのだろうと思われます。いろんなことをやりながら、考え方を身につけたり、やり方を覚えたりしながら、自分がやりたいことを発見して行くプロセスそのものが、「学ぶ」ことなのです。本書をお読みの皆さんも、多かれ少なかれそんなふうにして、自分のやりたいことを見つけるのではないでしょうか。

だとすれば、そもそも学校とは何なのでしょうか？　それを今から考えていきましょう。私たちは、学校に通って、そこでいろんな内容を学ぶことになっていると言えるでしょう。学校には先生がいて、様々な教科を教えてくれます。子どもたちはもっぱら教わる側で、教わりながらいろんな知識を身につけていきます。それが学校というものだと、日本では当たり前に思うでしょう。

ユニセフが出している『世界子供白書2017』によれば、開発途上国では現在でも、学校が家の近くになかったり、戦争状況であったり、家族の事情などの理由で、就学年齢児童のうち五人に一人が学校に通うことができていないという報告があります。学校に行けない子どもがいることがこのように報告されて問題視されているというのは、「子どもには学ぶ権利がある」と考えられていることの裏返しでもあります。今日、子どもたちは学校に行くのが当たり前だという考え方が世界中に広がっていることがわかります。

では、学校とはいったいいつ頃できた制度なのでしょうか？　今井康雄編の『教育思想史』という本をもとに、学校の起源から、日本における学校教育制度の歴史も含めて、ここでは簡単に触れておきます。

紀元前三九〇年ごろの古代ギリシア時代、イソクラテスによってアテナイに学校が開設されます。そこでは、弁論の基本的な型の習得と討論の練習が行われ、歴史教育が重んじられたようです。イソクラテスの学校は、同時期にアテナイでプラトンによって設立されたアカデメイアという学校とライバル関係にあったようです。これが「学校」のはじまりだと言われています。でもまだこのころは今の私たちが通う学校とは違うものでした。

私たちにとってなじみのある学校とは、校舎とクラスがあり、カリキュラムが整備され、年齢ごとに学年が編成され、同じ教科書が用いられ、教師一人が多数の生徒に一斉に教え、一定の年齢やレベルに達すれば卒業できるというものです。そうした学校教育の基礎を築いたのは、一七世紀のチェコ人ヨハネス・アモス・コメニウスだと言われています。

そしてこの流れを汲《く》む近代教育が日本国内に入ってきたのは、明治維新以後のことです。明治政府は欧米から学校教育制度を移植し、一八七二年の「学制」により教育を義務化しました。ということで、現代の学校教育が広がったのは、日本では、明治以降のここ一五〇年程のことなのです。

近代の学校教育は、西洋から世界へ、そして国家の中心から辺地へと広がって行きました。日本ではすっかり浸透したのですが、それははたして、地球上のどの場所でも、どんな人たちにも受け入れられるようなものだったのでしょうか？

結論を言えば、それは世界各地でおおむね受け入れられ、今日に至っているのは確かです。しかし、「学ぶ」ということに関して、近代の学校教育とは相容れない、異なる考え方を持っている人たちも世界にはいます。近代の学校教育の理念とは異なる考え方を持つ人たちの一例として、ここでは、カナダのヘヤー・インディアンを取り上げてみようと思います。

4　「師弟関係」がないヘヤー・インディアン

ヘヤー・インディアンは、カナダ北西部に存在している狩猟採集民です。マッケンジー河と北極圏が交差する極寒の地域で、ヘヤー（野ウサギ）などの乏しい食料源を求めてキャンプ生活をしていました。日本の文化人類学者の原ひろ子は、アメリカ留学中の一九六一年から六三年にかけて、約一一カ月間にわたってこのヘヤー・インディアンのフィールドワークを行いました。

日本やアメリカで教育を受けた原は、調査に入っていく時には、その社会に住んでいるひとりひとりの人の生き方について教えていただくという気持ちになることが大事だと考えながらフィールドワークを始めたと言います。原は、「教えよう、教えられよう」という意識的行動は、人類にとって普遍的なものだと考えていたのでした。ところが、ヘヤー・インディアンと付き合ってみると、それらのことは必ずしも普遍的なことではないと考えるようになったのです。いったい、どういうことでしょうか?

原が最初に、人口三五〇人ほどのヘヤー・インディアンのキャンプに調査に入った時のことです。ヘヤー語だけではなく英語を話すことができる若者たちに、「英語は誰にならったの?」と聞くと、「自分で覚えた」という答えしか返ってこなかったと言います。聞き方を変えて、「どういうふうにして覚えたの?」と聞いても、「そりゃあ、しゃべってみるのさ」という答えだったと言います。また、大人の女性たちにムース(ヘラジカ)の皮のなめし方をどういうふうにして覚えたのかと尋ねても、同じように、「自分で覚えた」という答えしか返ってこなかったようです。

そのうちに、ヘヤー語には「誰々から習う」、「誰々から教えてもらう」という表現自体がないということが分かってきました。ヘヤー語では「それは誰から教わったのですか?」と聞くことはできず、「どのようにしてそれを覚えたのですか?」とか「どのように○○ができるようになったのですか?」と尋ねるしかないのです。人々から返ってくる答えは、相変わらず、「自分で覚えた」の一点張りだったと言います。

また、生活をつぶさに観察していると、ヘヤー・インディアンの文化には「教えてあげる」、「教えてもらう」、「誰々から習う」、「誰々から教わる」という考え方自体がないということが分かってきました。

女がムースの皮なめしをしている時、それを眺めている人は、「液には何を入れたの?」という質問をしたり、「肩の部分は固いね」といったコメントを発したりもします。しかしそれらは、当人に対して注意を与えているわけではなかったのです。批評する側は、それを当人がどう受け止めるかということに関心を持たなかったと言います。ただし、批評を聞いている皮なめしの当事者は、それによって、自分のやり方に修正を加えたり、新しい工夫を試したようです。

このようにヘヤー社会では、やり方は自分で覚えるものだと思われていて、「誰かに教わる」ということは考えられないのです。従って、「教え方の上手・下手」などもありません。ただし、どうやら「覚え方の上手・下手」はあるようです。

「教えてあげる」、「教えてもらう」がないわけですから、ヘヤー・インディアンの社会には「師弟関係」というものがありません。先生の役割、生徒の役割という役割関係が見当たらないのです。「師弟関係」が成立する第一の条件は、「教える・教えられる」行動が存在することであり、第二の条件は、師弟のあいだに相互に期待される意識や行動に関して約束ごとがあることです。たとえば、ピアノの先生は生徒にピアノを教え、生徒が自分でも毎日練習して弾きこなせるようになることを期待します。そして生徒側は教えてもらうとともに、上達を目指して練習することを求められていると考えて、行動します。しかしヘヤー社会には、そのどちらもないと言うのです。

次いで原は、「教える・教えられる」という概念がなく、「師弟関係」などがないヘヤー・インディアンの文化の基盤にはいったい何があるのかを探っていきました。

その結果彼女は、彼らの文化には、「人間が人間に対して、指示・命令できるものではない」という前提が横たわっていることを発見します。ヘヤー社会では、親といえども子に対して指示したり命令したりすることはできないのです。人間に対して指示を与えることができる者は、ただ「守護霊」だけなのです。それは、目に見えない存在です。日々、親や先生に指示されたり指導されて生活を送る私たちからすると、驚くべきことです。

そのため彼らは、「ものごとは自分で（守護霊のもとに）覚える」以外はないと言います。そう考えると、「〇〇を誰に習ったのですか」という質問自体がナンセンスであり、「自分で覚えたのさ」という回答がいかに当然であったのかに、原は納得がいったと言います。

いかがでしょうか？　私たちが当たり前だと思っているやり方とはずいぶん異なるやり方をしている社会があることがお分かりいただけたでしょうか？

5　ヘヤーにとって「覚える」とは？

さて、これまで述べてきたヘヤー方式の「学び」をまとめると、「自分で観察し、やってみて、自分で修正することによって、○○を覚える」ということになるでしょう。この点に関して、原はとても面白い観察をしています。このようにしてなんでも自分で覚える必要があるので、ヘヤーの人たちは景色や、ものの形などを記憶する能力が高いと言うのです。

原が紹介するのは、彼女のテントに一緒に住むことになったメリーという女性のエピソードです。初めての食事は原が準備したのですが、その次の食事はメリーが準備するというので、原はメリーに任せて別のテントにインタヴューに出かけました。

最初の食事で原は、アルミニウム製の小型トランクを食卓にして、その上に塩、胡椒《こしょう》、スープ皿、スプーン、ホット・ケーキ風パンの皿、バターを並べました。そしてメリーが準備した二回目の食事を見た際、原は非常に驚いたと言います。メリーは、スプーンを三つ重ねるところまで含めて、原がやったのと全く同じように、まるで鏡のように、食材や食器を並べたそうです。それらの配置は、メリーが原から教えてもらって覚えたものではありませんでした。メリーは、一度だけ見た食卓を再現できるほどの素晴らしい記憶力の持ち主だったのです。

もうひとつ、テントで原がおしゃべりをしながら折鶴を折っていた時の話を紹介しましょう。ヘヤー・インディアンの子どもたちに原が折り鶴を折ってみせると、子どもたちは「もうひとつ折ってくれ」と何度も言います。そこでその通りに折って見せていると、今度はその紙が欲しいと言われました。原が折り紙を渡すと、自分たちで一生懸命折り始めたのです。

ヘヤーの子どもたちは、「教えてよ」とは言いません。自分で試行錯誤しながら折鶴を完成させます。そしてこれでできたと思ったら、原のところに見せに来るのです。子どもたちは、「今度は違ったものを教えてよ」とは言わず、「ほかに何か作れるか？」と聞いてきます。ヘヤーの子どもたちは、何が行なわれているのかをじっくりと観察して、やってみて、修正しながら独力でものを作り上げるのです。この点に関して原は、とても興味深いことを述べています。

ヘヤーの子どもたちが、折鶴を覚えるときには、その紙と子どもの間に強い交流が存在するのであり、彼らは、私と紙との間にある交流（つまり私が折紙を折っている状況）を、自分で再現しているといえると思います。ですから、子どもと私の間の交流は彼らにとって、主観的には重要でないのです。（『子どもの文化人類学』、二〇二三年、ちくま学芸文庫）

ヘヤーの子どもたちは何かものを作る時、作り方をすでに知っている人、つまり先生とやり取りをしながら学んだり、覚えたりはしないのです。彼らにとって大事なのは、自分と紙とのあいだで相互応答を続けながら、もの作りを進めていくことなのです。

私たちは何かを覚えたり学んだりするためには、まずは誰かに教えてもらわなければならないと考えるでしょう。あるいは、本やインターネットで調べて、そこから「教わって」学ぶことができると考えるでしょう。しかしヘヤー・インディアンの社会では、学ぶとは誰かに教えられることではないのです。

ヘヤーの人たちのやり方から言えるのは、先生がいて生徒がいなければ学びが成り立たないわけではないということです。誰かがやっていることをよく観察しながら、自分の目の前にあるものとの相互作用を通じて、やってみてうまくいかなければ修正し、少しずつ完成に向けて進んでいくこともまた、覚えることであり、「学び」なのです。このように、人間には、とても多様な学びの形があるのです。

そして、ひるがえって私たちの「学び」について考えたときに、ひとつ問題があるとすれば、私たちは、私たちにとって当たり前になっている学びの基本にあまりにも忠実に従っているために、かえって学びを硬直化させることになっているかもしれないということです。そうした問いかけが、ヘヤー・インディアンのやり方を知った原からのメッセージであり、人類学からの問いなのです。

6　ボルネオ島の狩猟民プナンにとっての「学び」

ヘヤー・インディアンのように「師弟関係」が存在せず、「教えてあげる」、「教えてもらう」という学びのかたちが見当たらない別の社会の事例として、次に、マレーシア・サラワク州（ボルネオ島）のブラガ川上流域の熱帯雨林に住む狩猟民プナンを取り上げてみようと思います。プナンは、序章で述べたように私自身が二〇〇六年からフィールドワークを続けてきている人たちです。

二〇〇六年に一年間プナンと一緒に暮らしていた私は次第に、プナンの若者たち、とりわけ二〇代や一〇代の若い世代が狩猟にあまり興味を示さないばかりか、狩猟をほとんどしないことに気づくようになりました。プナンの狩猟の中心世代は四〇代であり、狩猟はもっぱら三〇代～五〇代の男たちによって担われていたのです。

私は、若者たちが狩猟の技術と知識を今習得しておかないと、今後、狩猟を中心とした暮らしが成り立たなくなるのではないかと思うようになりました。そのことに危惧を覚えているとほのめかしながら、現役世代の狩猟者たちに対して、それについてどんなふうに考えているのかを尋ねまわったことがあります。しかしとても驚いたことに、現役の狩猟者たちは誰一人として、若者たちの「狩猟離れ」を気にかけている様子はなかったのです。拍子抜けでした。

そんなことは、「たいしたことではない（*iyeng ibo*）」と言い放った四〇代の男がいました。「（若者は）おそらく（動物が）怖いのだろう（*mukin medai*）」という、解釈に困るような答えが年寄りから返ってきたこともありました。

このようなエピソードは、プナンが将来に向けて向上心をもって何かをコツコツと学ぶ意欲や発想がない人たちであることを示しているように当時の私には思われました。状況を見極めて将来に対して備えるのではなく、そのつどの状況に合わせて、なんとかなるだろうと考える傾向があるようだと考えたのです。

その後どうなったかというと、それから二〇年近く経って、かつての一〇代や二〇代の若者たちが三〇代や四〇代になり、彼らは二〇二四年現在、狩猟の中心的な担い手となっています。要は、私が若者たちの「狩猟離れ」のようなものにヤキモキする必要はなかったということなのです。

二〇〇六年時点で、若者世代は、上の世代の大人たちについて行って、積極的に狩猟を学ぼうとしているようには見えなかったのは確かです。若者たちは、だいたいは狩猟キャンプの周囲でぶらぶらしていて、気が向いたら川でスピアフィッシングをしたり、投網をしたり、親や猟犬とともに出かけても途中で戻ってきたりしていました。

子どもたちは、狩猟キャンプに同行することで、小屋の作り方、薪の選定や火のつけ方、肉のさばき方などをしだいに覚えていくのです。とは言うものの、幼な子たちや学童期の子どもたちは、特に何もすることがなく、キャンプの周りでぶらぶらと戯れて過ごしていることが多いように見えました。女の子たちは時々、食器洗いや洗濯を手伝ったり、料理を手伝ったりするのですが、男の子たちは、一〇代半ばくらいでようやく、獲れたばかりのヒゲイノシシを運ぶのを手伝うようになります（ヒゲイノシシは三〇キロから四〇キロもある大きなイノシシです）。

狩猟の基本である吹き矢の使い方やライフル銃の撃ち方をみんなで習ったり、上の世代に教えてもらったりということも特にやっていませんでした。それでも三〇代、四〇代になればしっかり狩猟ができるようになっていたのです。プナン語にも、「教えてあげる」「教えてもらう」という言葉と概念はありません。ただ、四六時中家族と一緒にいる中で（現代日本では考えられないくらいの時間を家族や仲間とともに過ごします）、とても長い時間をかけて、たいていのことを学んでしまうのです。つまり、プナンのやり方は、今日はこれを教えるからしっかりと聞いて学びなさいと教える側が言って、学びを進めるようなやり方ではないのです。

そもそも、「教えてあげる」「教えてもらう」だと、伝授される知識や技能は、個人が所有していることが前提になっているわけですが、プナンにとっては、知識や技能は誰のものでもなく、共同体の中でゆるやかに共有されているものなのです。この、知識と技能を含めて、共同体で共有することについては、後の第2章で詳しく述べようと思います。

7 プナンにとって「学校」とは何か？

プナンは現在、サラワク州政府の定住化政策によって、ブラガ川上流域に住んでいますが、もともとはボルネオ島の熱帯雨林の中でも限られた地域である、ウスン・アパウと呼ばれている地域の森を遊動して暮らしていました。定住化政策は一九八〇年代初頭に行われ、一九八三年にブラガ川上流に小学校が建てられました。プナンの子どもたちは、近隣に暮らす焼畑稲作民クニャーの子どもたちとともに、学校に通うようになったのです。

校舎があって先生がいて、教室で黒板を用いて、教科書を読みながら物事を教わるというのは、プナンにとっては全く初めて経験することでした。当時、小学校の一期生になったプナンから聞くと、それは彼らにとって、実に驚くべきものだったと言います。何が行われているのか分からず、なじむこともできなかったようで、いつの間にか学校に行かなくなった子が多かったようです。教室では、「ずっと座っているだけだった」し、「勇猛な（恐い）先生がいた」と、プナンは当時のことを回想してくれました。

それから四〇年が経過して、プナンの学校への定着率は最初期からそれ程大きく変わっていないようです。ブラガ川上流域には、五〇〇人ほどのプナンの共同体があって、毎年数十人の子どもが小学校に上がります。その小学校に限って言えば、この四〇年間でそこを卒業したプナンは、近年はやや増えてきているものの、せいぜい三〇～四〇人です。多くの場合は低学年のうちに学校に行くのを止めます。中には、最初から学校には行かない子もいます。

ブラガ川上流域の小学校を卒業した生徒たちは、県庁所在地にある寄宿舎付き中学校に進学することができるのですが、この四〇年間で、中学校に進んだプナンはひとりもいません。それに対して、プナンと同じ小学校に通っている焼畑稲作民クニャーは、小学校卒だけでなく、すでにたくさんの中卒者、高卒者、さらには、大卒者たちを輩出しています。

プナンにとっては森の中で暮らすことが「ふつう」であり、遠く離れた場所に長らく滞在することを毛嫌いすることがひとつの原因でしょう。プナンは学校教育を受けることに価値を見出してないのだと言うこともできるのかもしれません。因数分解や二次関数ができたとしても、目の前にある暮らしに何の役にも立たないし、英会話ができたところで、外国人でも来ない限り、森の中ではほとんど使う場面がないのです。プナンがそう言ったわけではありませんが、突き詰めて言えば、そういうことだと言えます。

小学校に行けば忘れ物をしただけで先生に怒られるし、宿題をやってこなくても先生に怒られるし、学校とはろくなところではないというのが、プナンの率直な考えであるように思えます。彼らはそうはっきりとは言いませんが、あえて代弁するとそうなるでしょう。

プナンがどう学校に向き合っていたのかをもう少し具体的に知るために、ここでは、プナンのある三人の兄妹を取り上げてみようと思います。二〇〇六年から二〇一〇年頃にかけてのことです。一九九一年生まれの長男ウマはすでに学齢期を過ぎていましたが、小学校に通ったことはなかったようです。そのため、文字も読めません。当時一〇代の後半で、オバの作った菓子を販売しようとしていたので私も資金を出したのですが、簡単な計算もできず、商売のようなものを始めたのにすぐにやめてしまいました。

長女のアアンは、二〇〇五年から小学校に通うようになり、二〇一〇年には卒業しました。マレー語ができるようになり、英語も少しできるようになったようです。

次男のロベットは、二〇〇七年から小学校に通い始めました。彼は、二年生の時にクニャーの生徒にいじめられました。靴を履かず、毎日裸足だったので、それをからかわれたのです。いじめられていたロベットは学校に行きたくないという理由で、学校に通うのを止めました。その子はそれから、親の行動につねに同行するようになりました。森に行って遊び、冒険し、時には親の手伝いをしていました。親は、そのことを苦にしたり、悩んだりすることはありませんでした。

ただ、姉のアアンがまじめに学校に通っていた時期だったので、学校でいじめがあることに対しては、ロベットの父は遺憾だと思っているようでした。学校は何かを学びに行く場所です。それにもかかわらず、反対にいじめなどの問題が起きているのだとすると、そんな矛盾をはらんだ場に子どもを通わせなくてもいいと、ロベットの父親は考えているようでした。

プナン社会は親子関係が密接で、子どもは親の膝もとで生きてゆく術をゆっくりじっくりと学びます。大きくなってからも親たちの近くで暮らす傾向にあります。

プナンの親たちは、子どもが外の世界を経験することを奨励し、共同体の外部で知識と技術を体得させることによって、子どもを大人にするということはありません。日本では「かわいい子には旅をさせよ」とも言いますが、プナンにそのような発想はまったくないのです。親は子どもたちといつも一緒にいて、狩猟や採集の仕方を含め、薪の割り方、火の熾《おこ》し方、小屋の建て方など、狩猟採集の民として、森の中で生きていく上で必要となる様々な事柄を自ら身につけさせるのです。

教えるというのではありません。どちらかと言うと、ゆっくりと時間をかけて、子どもたちに染み込ませるように、様々な能力や知識を身につけさせると言うことができるでしょう。

サラワク州政府は現在、教科書や給食費を無料にしたり、寄宿中学校に無料で通えるようにしたりして、プナンを優遇する教育政策を取っています。マレーシア連邦政府も、「貧しい家の生徒に対する資金（Kumpulan Wang Amanah Pelajar Miskin）」と名づけて、プナンを含む貧困家庭に対して教育支援金を支給しています。それらの行政施策に加えて、小学校教員たちはプナンに対して、学校に通う機会を増やすように働きかけを強めてきています。

しかし今日に至るまで、プナンの「学校嫌い」は一向に改善される見込みはないように思えます。寮に無料で寄宿し、朝食と昼食が出て、教育支援金が出されたとしても、プナンは学校に行きたがらないのです。父母や家族から離れてそんなことをしたくないというのが、プナンの本音です。貧しくて行けないのではありません。働かなければならないから行けないのでもありません。プナンの子どもたちは、行きたくないから行かないのです。親たちは、子どもが行きたくなければ、学校に無理に行かせようとはしないのです。そのように、プナン社会には、学校教育が定着しないのです。

8 学校には行かなければならないの？

私は小学校の教師たちにインタヴューをしたこともあります。彼らは、私が高等教育をうけて大学教員をやっているために、自分達と同じ意見を共有しているだろうと思い込んでいたようで、私の前でプナンの子どもたちが学校に通わないことを嘆く場面がしばしばありました。いわく、なぜ、プナンは学校に来ないのか？　どうすれば、プナンの「不登校」を改めさせることができるか？　小学校に入ったとしても、早ければ数カ月か一年ほどで小学校に行かなくなるし、学年が上がるにつれて通学を放棄する割合も高くなる。これでは、マレーシア国民として生きていく上で彼らの将来は明るくない。そういったことを伝えてきました。

しかし先ほども述べたように、プナンの親たちは子どもたちの「不登校」を憂慮することなどありません。ましてや、学校で一生懸命勉強をして、立派な社会人になりなさいと言うことなどありえません。子どもたちが、学校に行きたくなければ行かなくてもいいというのが、プナンの親たちの考えなのです。

子どもにとっても、親の狩猟キャンプについて行って狩られた動物のさばき方を見たり仕事を手伝ったり、魚釣りをしたり、果実を取りに出かけたりすることのほうが、それなりに苦労や問題もあるけれど、現実に役に立つし、楽しいし、よっぽど将来のためになるのです。そういった意見をプナンたち自身は述べることはありませんが、プナンの親たちも子どもたちもよく知っているように思えます。

その意味では、プナンにとっての学校は森の中にあるのです。プナンの狩猟小屋の生活を見ていれば、子どもたちが小学校に行かない、また卒業する数が少ないということに、自然と得心がいきます。すでに述べたように、プナンは森を遠く離れることを嫌うため、遠くに長いあいだ出稼ぎに行くようなこともありません。これまで都市生活をするプナンにお目にかかったことはないですし、彼らにとっては、一生涯森の周囲で暮らすのがふつうなのです。

私たちが暮らす現代日本では、「いじめ」や「不登校」の問題をはじめとして、学校教育が抱え込んでいる問題と教育の再生が、大きな社会問題となってすでに久しいと言えるでしょう。言い換えれば、知識習得や人格形成の場として存在するはずの学校が、現状としては、「負」の社会問題を生みだす場となっているのです。もしプナンが日本にいて、学校が社会問題化するほどネガティヴな場であることを知れば、子どもたちを学校に通わせないことは間違いないと思われます。

学校が生みだす問題に対して、「学校に行かなければいい」というオプションが、教育をめぐる社会的・歴史的な背景をプナンとは異にする日本では、学校に行かないことが何の解決にもならないことはよく分かっています。不登校児を学校から切り離して森に送り込むという解決も、日本では通用しません。

しかしだからこそ、現代日本の教育をめぐる今日の実践的な議論からはすっぽりと抜け落ちているものがあるように感じられるのです。それは、「教育とは何か、学校とはそもそも何なのか？」を根本から問うことに他なりません。

哲学者ミシェル・フーコーは、かつて著書『監獄の誕生』の中で、「監獄」や「病院」と並んで「学校」が、近代的な「権力」の典型であることを指摘しました。フーコーによれば、大衆教育は、学校の建設や教師のまなざし、試験制度など、生徒を近代人として育て上げるための「規律＝訓練」のテクノロジーの中に立ち現れたのです。

現代のプナンの学校に対する態度は、「近代以前」の生活の断片にすぎないのかもしれません。しかし、学校に対してア・プリオリに（経験以前に）期待も評価もしない態度がこの地球上に現に存在することは、重く受け止められるべきではないでしょうか？今一度、近代以降に広く浸透し、様々な問題を抱え込んでしまった学校教育制度について問い直してみるべきではないでしょうか？

ここで、プナンの学校教育に対する態度とは、結局、いかなるものだったのかを振り返っておきましょう。学校の存在意義を感じない、学校の価値を高いものと認めていないプナンは、近代以降の社会において、私たちが容易に抗うことができないようなイデオロギーに対して、正面切って歯向かうのではなく、むしろ相手にさえしていないように私には思われます。学校に行かないと面と向かって抵抗する「以前」に、そんなに必要とは思えないから行かないし、積極的には利用しないとでもいうかのような態度に私は、一条の希望の光のようなものがあるのではないかとさえ感じてしまいます。

　まじめに学校に行って勉強しなければならないというのは、民主主義社会の一員として選挙に行って投票しなければならないとか、地球に生きるはしくれとして地球温暖化の危機を何とかしなければならないなどの、近代的な価値づけの上に成り立っている態度です。それらは、個人の思考とは別に、外部から個人のもとにやって来るものであり、今日ではほとんど自明視されて揺らぐことのないような「神々しい」までの価値観です。

　プナンの振る舞いは、このような価値観に対して、根本的な疑問を投げかけているように思えるのです。それは、疑うとか疑わないとか以前の断片的思考かもしれません。高潔な理想を掲げることによって世界を構成している強制的・半強制的な制度やルールに対する、無意識の次元の反意とでもいうべき態度だと言ってもいいかもしれません。私には、そのような物事が「立ち上がる以前の」問題感覚のようなものにこそ、当たり前すぎて気づかなかった日常をひっくり返して考えてみる手がかりがあるように思えるのです。

　こうしたプナンのふるまいに、他の先住民の考え方や生き方を重ねてみましょう。自分たちに不幸や悪をもたらしているものの本質から逃れるためにアマゾン河の下流域を放浪し続けていた、南米・パラグアイの先住民グアラニの人たちの話です。フランスの人類学者ピエール・クラストルによると、グアラニの人たちは、病気や不条理、歪《ゆが》みや矛盾、不幸をもたらしてしまうようなものには近づかないようにしていたのだと言います。それは、あらゆるものを「一元化」する、〈一〉から成る近代社会の枠組みです。グアラニは、〈一〉から逃れて、不幸が廃絶された〈多〉から成る神話的世界を求めて、森の中をさ迷い歩いていたというのです。

学校にやって来る生徒をみんな一様に「生徒」とみなして、校舎の中でしつけをしながら様々な物事を教えることにより、一元化していくような世界。そのような〈一〉から成る世界をグアラニは毛嫌いしたのです。学校から目を逸《そ》らし、一顧だにしないプナンには、人間に不幸をもたらす世界の一元化を拒否するという、グアラニの人々と同じような直観があるとは考えられないでしょうか？

日本を含む多くの国で、学校には「人間として」通わなければならないという大きな価値観の土台の上で、教育の質の転換や制度の見直しなどが不断に行なわれてきたわけですが、はたして本当にそれでいいのでしょうか？　土台を考え直すことを怠っていないでしょうか？　私たちが「学ぶ」ことができるのは、学校が唯一の場なのでしょうか？　学校教育はいったんひっくり返して考えてみるべきではないでしょうか？

9　「知識」とともに「知恵」を重んじる

ここでふたたび、カナダ北西部の狩猟採集民ヘヤー・インディアンに戻ってみましょう。原は、ヘヤー・インディアン社会でのフィールドワークを通じて、大人から子どもたちに対して一方的にしつけや教育が施されるのではなく、子どもたちは自分のペースでいろんなことを覚えていくことを発見しました。

ヘヤーの子どもたちは、目の前で何が起きているのかを観察して、それを自分でやってみて、修正しながら、独力でものを作り上げていたのです。

フィンランドの北東部に住む先住民スコルト・サーミのもとでフィールドワークを行なったイギリスの人類学者のティム・インゴルドも、これとよく似たことを述べています。インゴルドは、サーミの人たちは彼をいつも手助けしないようにしているか、教えたがっていないように感じていました。しかし、そのうち、本当の意味で物事を知るには、「内側から」物事を知る必要があるということを理解させようとしていたことに気づいたと言います。インゴルドは、フィールドワークを通じて、「動くことによって知るのではなく、動くことこそが知ることなのだ」ということに気づかされたのです。

物事がわかるとは、何をすべきかの説明をとおして、型どおりの指示で、言われたとおりに指示の表面だけをなぞることではありません。知ることとは、今起きている出来事について、自ら能動的に後を追うことなのです。「内側から」知るとは、すでにある考え方ややり方を誰かから「教えてもらって」習得していくのではなく、自ら経験することを通じて知ることなのです。

ヘヤー・インディアンもスコルト・サーミも、「教えてあげる」、「教えてもらう」という関係の中ではなく、自らが目の前で起きていることに参入しながら、自分で覚えて知るようになることが大事だということを私たちに教えてくれます。大事なのは、誰かから考え方ややり方を教えられることではなく、それを越えたところで、自らが得るもののほうなのです。
その点をよりいっそう踏み込んで、インゴルドは、「知識」と「知恵」に関して述べています。「知識」とは、教えられることによって蓄積されていくものです。他方、「知恵」とは進行中の状況の真っただ中で、能動的に自らが本当の意味で知ることです。

知識は私たちの心を安定させ、不安を振り払ってくれる。知恵はぐらつかせ、不安にする。知識は武装し、統制する。知恵は武装解除し、降参する。（ティム・インゴルド『人類学とは何か』奥野克巳・宮崎幸子訳、二〇二〇年、亜紀書房）

「知識」は、私たちの心を安定させ、不安を取り除くのだとインゴルドは言います。たとえば、文字のない社会の人たちが、あるいは学校に行けない子どもたちが、文字を学んで文章を読めるようになった時には、文字が読めない時に抱いていた不安は取り除かれるでしょう。そして書いた人の考えを理解することで、心は安定するのです。ここで言う「知識」とは、そういうものです。

「知識」はまた、これはこういうものだ、これで説明がつくはず、という主張もします。たとえば二〇世紀初頭の明治時代、大日本帝国憲法が制定された後に、天皇の臣民が守るべき道徳である「教育勅語」をもとにつくられた修身の国定教科書は、皇国の歴史観や家族観を日本の国民に植え付けました。「知識」は国民の統制のために用いられたのです。そのために、「知識」が武装化されていたのだとも言えます。

だとすれば、そうした「知識」をぐらつかせ、解きほぐすものが必要になります。それが「知恵」なのです。

いろんな「知識」を体系的に獲得した人物は、物知りになるでしょう。でも「知識」をどんどん増やして、膨大な量のものにまでになっても、それはあくまで「知識」でしかありません。

物知りになればなるほど、行きすぎてしまわないために必要なのが、「知識」をぐらつかせるような「知恵」なのです。「知恵」は、「知識」を得て、理論武装して凝り固まった頭を解きほぐし、自らの限界を悟って、物事をあきらめる勇気を与えてくれるのです。

ヘヤー・インディアンやスコルト・サーミが私たちに示してくれるのは、こうした「知恵」を、自ら「動くことで知る」という経験を通じて学び取ることの大切さです。「内側から」私たちは、物事を知るべきではないでしょうか？

また、学校に行かないプナンのふるまいが教えてくれるのは、私たちが学校教育を絶対視して、「知識」偏重の世界に私たちが身を置くことの危うさではないでしょうか？森の中で、自ら「動くことで知る」という「知恵」をゆっくりとじっくりと彼らは会得していくのです。

「知識」を積み上げることが決して悪いと言っているわけではありません。「知識」は私たちに心の平安をもたらします。でも、他方で、凝り固まった見方に陥らせてしまう危険があります。「知識」をぐらつかせる「知恵」を手に入れることもまた大事なことなのです。学ぶとは、「知識」を身に付けるだけでなく、「知恵」を重んじることであり、「知識」に「知恵」を調和させることです。

ひるがえって、現代日本で暮らす私たちが学ぶとは、いったいどういうことなのでしょうか？　学校教育で私たちは、「知識」だけでなく、「知恵」を得ることができているでしょうか？

学校教育とは何かという大きな問いがあります。ひとつの方法は、近代の学校教育を経験してこなかった先住民たちのやり方――私たちにとってなじみの薄い考え方――のほうからそれをひっくり返してみて、「学び」の根本に立ち戻って探ってみることではないでしょうか？

第2章　貧富の格差や権力とはそもそも何なのか

二〇二二年の時点で、世界で最も資産を持っているのはイーロン・マスク（二一九〇億ドル）で、二位がジェフ・ベゾス（一七一〇億ドル）だそうです。一〇億ドル以上の資産をもつ世界の富豪は二六六八人にのぼると言います（「Forbes Japan」の記事より）。

そこまで金持ちではなくても、皆さんの周りにもお金持ちがいるでしょう。逆に、貧しい家庭もあるはずです。富には、圧倒的な偏りがあるのです。個人単位ではなく国単位でも、お金持ちの国と貧しい国が存在します。こうした「貧富の格差」は常に問題だとされるものの、それが無くなったとは一度も聞いたことなどないはずです。

ところで、お父さんやお母さんはだいたい何でも、子どもたちにとって良かれと思ってやってくれているのですが、度を越えて何かをしなさいとしつこく強制してきたら、とてもいやな感じがするものですよね。生きづらいとさえ感じる人がいるかもしれません。また、家庭だけでなく学校などでも「権力」が不当に行使されていると感じることはないでしょうか?

本章では、現代社会において解決することのできない、とてつもなく大きな問題であるとともに、ますます複雑化して得体のしれない課題となりつつある「貧富の格差」と「権力」の問題を取り上げます。「経済」と「政治」の問題と言ってもいいでしょう。それらの問題を、その根本のところから探っていきます。現代の私たちが深刻に考えている問題の複雑さや不可解さを蹴っ飛ばして、一度ひっくり返してみるのです。

1 世界と日本における貧富の格差

はじめに、いくつかの書籍を引用しながら、世界と日本で起こっている貧富の格差について簡単にまとめておきましょう。引用した書籍等は巻末にまとめますので興味があれば読んでみてください。

「超富裕層」とは、経済学用語で、五億円以上の純金融資産を保有する人たちのことです。フランスの経済学者トマ・ピケティらによれば、二〇二一年、世界の上位一%にあたる超富裕層が、世界全体の個人資産の三七・八%を占めているそうです。最上位の二七五〇人だけで、全体の三・五%に当たる一三兆ドル（約一五〇〇兆円）を超える額を保有していることになります。

また、上位一〇%の富裕層が世界全体の所得に占める割合は五二%に上るのに対して、下位五〇%はたったの八・五%です。とくに近年はコロナ禍による財政出動や金融緩和によって、富裕層に偏った恩恵がもたらされたという説もあります（「日本経済新聞」の記事より）。

他方で、貧困問題をテーマとした著作が多くあるノンフィクション作家の石井光太によれば、世界人口八〇億人に対して、その一割近い七億人以上の人たちが、一日一・九ドル未満で暮らしています。発展途上国における貧困は、「絶対的貧困」という世界銀行が定めた基準で示されます。それは、人間がどうにか生存していくことができるか、あるいはそれ以下のレベルです。ふつう一日二食以下で、貯蓄はほぼなく、医療にアクセスするのが困難で、安全に寝起きする場所を欠くような暮らしです。

こうした発展途上国の貧困は、深刻な社会問題を生み出してきました。

アメリカは、周辺国からコーヒー豆を買い叩《たた》いたり、現地の工場で貧困層を薄給で雇用したりし、また、戦争が始まれば武器を売って儲《もう》けて豊かになりました。その裏で、途上国の貧しい者たちは稼ぎを得るためにギャング組織に入って犯罪にも手に染めていたのです。やがて彼らはアメリカへ違法ドラッグを密輸したり、移民のアメリカ密入国を手伝ったりするようになり、途上国の貧困問題はアメリカにダイレクトに流れ込みました。アメリカ国内では、違法ドラッグや貧しい移民の流入により、多くの犯罪が起きるようになり、国内の問題をより複雑化させています。同じような問題がアメリカ以外の先進国でも起こっています。

今日では、貧困は途上国だけの問題ではありません。先進国における貧困は、発展途上国における「絶対的貧困」に対して「相対的貧困」と呼ばれます。日本も例外ではなく、単身所得年収が一二七万円以下という相対的貧困にあたる人が約二〇〇〇万人（国民の一五・七％）もいます。六人に一人が貧困で、一人親世帯では二世帯に一世帯が貧困を抱えている、先進国ワースト四位の貧困国です。それに加えて日本は今、児童虐待、教育格差、不登校、人工妊娠中絶、家庭内暴力、孤独死など、貧困に端を発する多くの課題を抱えています。

こうした様々な問題の温床にもなっている貧困問題に対して、国内外の様々なセクターで不断の努力が続けられてきています。ただ、そうした努力によって貧困問題が完全に無くなるかというと、決してそうではないのです。貧困はなくならないことは、残念ながら前提の上でその格差を埋めるために、物理面・精神面での支援を講じているというのが現状です。前述したピケティらが運営する「世界不平等研究所」による報告書では、今後も貧富の不平等は広がり続けるだろうと予測されています。

そうなると、私たちがこの世界で生き続ける限り、ますます貧富の格差は拡大していくということになるのかもしれません。少なくとも貧困問題はますます深刻化する可能性が高いのです。

また逆に言えば、貧富の不平等そのものの解決は、これまでのところ、真正面から取り組まれたことなどなかったのです。貧富の差は、それがあるのは仕方のないものとして扱われてきました。もしくはそれは、人類がこれまで取り組んできたのだけれども、解決できないどころか、ますます解決から遠ざかるようなとてつもなく大きな問題なのだと言うことができるのかもしれません。

2　貧富の格差のないプナン社会

しかし、世界は広いのです。つぶさに目を凝らして眺めれば、貧富の格差を根本から解決している人たちが暮らす社会を見つけだすことができます。

第1章でも紹介した、ボルネオ島の熱帯雨林に暮らす狩猟採集民プナンの社会には、貧富の格差がありません。どういうことか説明していきましょう。

これまで、動物を飼育したり、作物を栽培したりしてこなかったのがプナンです。彼らは、周囲の森や川の中に存在する野生生物を糧として暮らしています。彼らが最も好物とするのはヒゲイノシシです。シカやホエジカ、マメジカなども捕まえます。リーフモンキー、カニクイザル、ブタオザル、テナガザルなどの猿類も狩って食べます。その他に、ジャコウネコ、ヤマアラシなどの夜行性動物や、サイチョウやコシアカキジなどの鳥類、川魚の類にいたるまで、周囲には動物がいつも豊富にいます。そのため「食べ物を貯めておく」という発想はありません。

プナンは、吹き矢やライフル銃などの武器を用いたり、場合によっては猟犬を使ったり、罠《わな》を仕掛けたりして野生の動植物を狩ったり釣ったり採集したりします。そして獲物を狩猟キャンプや居住地などの生活の場に持ち帰った時は、そこにいる全ての人たちで消費するのが基本です。

たとえば、ある家族が狩猟に行って、ヒゲイノシシが獲《と》れたとしましょう。獲物は狩猟キャンプに持ち帰られたあとに、一緒に暮らしている別の家族にも分け与えられます。獲物はいつも狩猟キャンプの全員で分かち合わなければならないのです。そうすると、狩猟に行って頑張って獲物を獲った家族からすれば損ではないかと思うかもしれませんが、その家族にもメリットがもちろんあります。そうすることで、いずれ食べ物がない時に、別の家族のところで何の断りもなく食べることが許されるのです。

これをシェアリング・エコノミーと言います。シェアーとは「みんなで共有する」ことであり、それは、個人的にものを所有することの否定です。逆に言えば、プナンは、誰かがものを独り占めすることを認めないのです。私たちは自分が稼いだ給料や手に入れたモノを家族でもない他人と共有することはめったにありませんから、彼らの暮らしぶりには不思議な印象を受けるかもしれません。

彼らはなぜそんなことをするのでしょうか？　それは、一言で言えば、全員が生き残るためです。目の前にあるものをそこにいる全ての人で分かち合って、全員が食べて、生き残ることができるようにしているのです。強者だけが生き残るのではなく、みんなで生き残るというのがプナンのやり方です。

ではそうしたシェアーする心、分かち合う精神というものを、はたしてプナンは生まれながら持っているのでしょうか？　私たちが感じるような「ひとりじめしたい！」という気持ちはないのでしょうか？　プナンのフィールドワークで私自身が経験したエピソードを取り上げてみましょう。

ある時、私は幼児に、袋に二〇個くらい入った飴玉《あめだま》を与えました。彼女のそばに他の子どもたちがやってきて、飴玉を欲しそうに眺めていましたが、彼女は飴をひとつ取り出して舐《な》めた後もその袋を握りしめて放そうとはしませんでした。

その時です。幼児の母親がやって来ました。母親は、特に叱るような口調ではなかったのですが、彼女に、飴玉を他の子どもたちに分け与えるように言ったのです。その幼児は最初、怪訝《けげん》な顔をしていたのですが、母親の言うままに飴玉を人数分を均分して、欲しそうに見ていた子どもたちにも分け与えたのです。子どもたちは、「ありがとう」とも何とも言わずに飴玉を受け取りました。

このエピソードから、プナンでも、幼児期には独占欲のようなものがあることが分かるでしょう。そのような独占欲を、周囲の大人や親たちが早い時期から殺《そ》いでいくのです。そうした経験を経て、子どもたちは、シェアリング・エコノミーの社会的な実践者となっていきます。

人間は誰しも生まれながらに独占欲を持っています。しかしプナン社会では、その独占欲が否定されます。幼い頃から独り占めする心が否定され、周囲の人々に均等にモノを配るという分かち合いの精神が植え付けられていくのです。個人で所有すること、ものを占有することは、社会的な「悪」であるとさえみなされるようになります。

社会生活の場面でプナンの人たちは、分かち合う精神を基本にしながら人間関係を紡《つむ》いでいきます。少なくとも、分かち合うことによって、そこにいる誰もが食べて生き残ることができるような社会をつくり上げてきたのです。その意味で、プナンにとって「シェアリング」とは、命を懸けて取り組む行為なのだと言えるでしょう。

こうしたプナンのシェアリング・エコノミーは、平等主義的な社会を生み出しています。アメリカの人類学者エルマン・サーヴィスは、人類を、「バンド社会」、「部族社会」、「首長制社会」「「未開」国家」の四つの発展段階の中に位置づけましたが、プナンはこのうちの「バンド社会」にあたります。「バンド社会」とは、家族的、平等的で、構造的には未分化で、分かち合い意識の強い社会です。そこでは、誰もが等しくものを分け与えられ、誰もが等しく扱われます。特定の誰かに富が偏ることはありません。逆に言えば、特定の人たちだけが豊かさや、逆に貧しさを経験するのではない、貧富の格差のない平等主義を旨とする社会です。

誰かが富を独占すれば、「have」と「have not」、つまり「持つ者」と「持たざる者」に二極化して、貧富の格差が生み出されるでしょう。プナンには、とても不思議なことに、「持つ者」は存在しません。金持ちはおらず、誰もが「持たざる者」なのです。私たちの感覚で言えば、みな平等に貧しいと言ってもいいかもしれません。いくばくかでもお金を財布の中に入れて持ち歩くべきだと考える私たちの常識からすれば驚くべきことですが、プナンはふだん、ポケットの中にお金などを持ち歩きません。

シェアリング・エコノミーが徹底されることによって、誰もが何も持たないという「無所有の原理」に支えられて、平等主義的な社会が作られてきたのです。この原理のもとで、プナンはとてもさばさばして暮らしているように見えます。

たとえば誰かが、たまたま得た収益で手にした富を拡大しようと試みて、もし成功した場合、そのことは、占有した財を資本として投下し労働者を雇って、その価値を上回る商品を生産して利潤を上げる「資本主義」に近づいていくように思われます。個人が蓄財し、富を蓄積することから資本主義までは、そんなに遠くないのです。

富を形成し「持つ者」になっていく人たちと、それとは反対に「持たざる者」であるままの人たちのあいだには、貧富の格差が生まれます。そのことが、現代において複雑な社会問題を引き起こしていることは、本章の冒頭で見たとおりです。ひるがえって、プナンは、シェアリング・エコノミーを隅々に行き渡らせることによって、「持つ者」と「持たざる者」のあいだに生じる可能性がある貧富の格差を未然に防いでいるのだと言えるのです。

また、プナンは、モノや財だけでなく、第1章でも少し触れたように、知識や技能も共有しています。個人的に知識量を増やしたり、技能を身に付けて、私たちは何らかの職業に就きますが、プナンにとっては、知識や技能も個人によって所有されるのではなく、皆で共有されるため、誰もが何でもできるジェネラリストなのです。誰かが突出してたくさんの知識を持っていたり、優れた技能を持っているということはなく、それらは共有されていて、いつでもどこでも誰もが取り出せるものなのです。少なくとも、理念的には、そのようになっています。誰もが何でも行えることによって、プナン社会では、分業化が進みません、階級分化もない、平等主義的な社会が保たれているのです。

3　貧富の格差が生じないような仕組み

貧富の格差がないのはプナン社会だけではありません。広く、狩猟採集を主な生業《せいぎょう》とする社会から、同じようなケースが複数報告されてきています。

アフリカ南西部には、サン・ブッシュマンと呼ばれる狩猟採集民が、灌木《かんぼく》の生えた広大な砂漠の周辺やその中に暮らしています。毒矢と投げ矢で狩る大型カモシカの肉が、サンの人たちの大好物です。地下の穴に住んでいるノウサギは、長いしなやかな竿《さお》を用いて吊《つ》り上げます。オオヤマアラシやオオアリクイなどは、巣穴の出口を閉じてから入り口で火を燃やして、酸素不足のために動物が穴から出てきたところを棍棒《こんぼう》で殴り殺します。野生の鳥類やその他の小さな動物は、罠を用いて獲ります。サンの社会では、キャンプに持ち帰られた獲物は、キャンプの全員がその相伴《しょうばん》に与《あずか》ります。

小さな動物の場合にはそれを広く分配するというわけにはいかないのですが、カモシカのような大きな獲物であれば、友人や親族などの広い範囲で気前よく分配されます。さらに遠い関係にある人々に二次分配されることもあるようです。肉は保存性が低いということもあり、またたくまに分配されていくのですが、それはいつの日か他の狩猟者が獲物を獲ることに成功した場合、同じように寛大に分け与えてくれるだろうという期待のもとに分与されるのだと言います。

サン・ブッシュマンの社会もまた、シェアリング・エコノミーによって成り立っていると言うことができるでしょう。誰かが富み、誰かが貧しいという貧富の偏りがなく、誰もが平等である社会が築かれているのです。

さて、ここで皆さんに質問してみたいのですが、シェアリング・エコノミーが行われている社会では、多くの獲物やモノを獲得し、そして分かち合ってくれる人物が尊敬されるのではないかと、なんとなく思っていないでしょうか？ たくさん獲物を獲ってきて、分け与えてくれる人が「偉い」と思いませんか？ しかし、必ずしもそうではないのです（シェアリング・エコノミーを基盤とする社会でも、気前のいい人物が尊ばれるプナンのケースもあります。それについては本章の後半で述べます）。

エスキモーの調査研究をしたデンマークの人類学者ペーター・フロイヒェンの報告を見てみましょう。エスキモーは、極北アメリカからグリーンランドにかけて住む狩猟採集民です。彼らは、春と秋にカリブー、夏には魚、冬にはアザラシなどの海獣の狩猟に頼って暮らしてきました。

フロイヒェンは、現地での調査研究中にエスキモーの狩猟者から肉を与えられた時、肉を分けてくれた相手に対して礼を述べました。いつもそうしていたからです。しかし相手からは、礼など述べなくていいと言われました。贈り物に対してお礼を述べることは、贈り物をくれた人物の奴隷になることであり、その肉をもらうことはあなたの当然の権利なのだとも言われたのです。

エスキモーの社会では、肉を分け与えることに対して「気前がいい」と褒めることさえも必要なかったようです。分かち合うことは、相手の期待に応えてやっているのではなく、与える側としては当然の義務のようなものとしてやっているだけで、そのことは決して気前がいいなどとは言えないのです。

次に、オーストラリアの先住民・アボリジニの事例を紹介しましょう。オーストラリア大陸には、ヨーロッパ人がやってくるまでは約三〇万人の狩猟採集民が暮らしていたとされます。広大なオーストラリア大陸で、自然のあり方や自然種の分布の差がもたらす遊動形式の違いがあったにもかかわらず、彼らの生活様式は驚くほど似通っていたようです。

そのうち、ノーザン・テリトリーに住むアボリジニのアルンタも、前述のエスキモーと同じように、ものを受け取ることは至極当然のことだったようです。持っているものを分け与えたからといって、感謝を期待することはないし、逆に、分け与えられたからと言って、感謝する必要があるとも考えません。与えたり与えられたりすることは、日常においては当然のことであると考えられていたのです。

デンマークの人類学者レーン・ウィラースレフは、シェアリングが行われているシベリアの狩猟民ユカギールの人々は、狩猟者とその妻に向かって、肉の分け前を「催促がましい」やり方で「よこせ！」と言うと報告しています。私たちであれば丁寧にお願いしてしまいそうな場面ですが、そこでは、返礼を期待することなく、つねに惜しみなく与えることが期待されているのです。「お願いします」や「ありがとう」は、通常シェアリング・エコノミーの語彙にはないのです。

ブラジルのマイシ川に住む狩猟採集民ピダハンにも「ありがとう」という言葉はありません。彼らは、人からものを渡されたら、「これでいい」とか「これなら大丈夫」という旨の言葉を口にすることが多いと言います。

ピダハンの研究をしていた言語学者のダニエル・エヴェレットは、それらは感謝の意ではなく、「取引成立」という、新しい情報を明言する「宣言」の意味で言われているのだと、言語学的に分析しています。エヴェレットは言語学者だったためにピダハンの贈与交換・経済の仕組みについてはあまり調べなかったようです。文献がないため類推するしかないのですが、そこでもまたシェアリング・エコノミーが行われていて、分かち合うことが当然とされ、謝意を述べる必要がないと考えられていたのではないかと思われます。

プナンを含め、こうした狩猟採集民の諸社会では一般的に、シェアリング・エコノミーが行われてきたのです。そして、シェアリング・エコノミーが行われているところでは、誰かが多く持ち、誰かが少なく持つというのではなく、モノが等しく分配され消費される結果として、多くの場合、貧富の格差がない社会が築かれてきたのです。

このような社会では、私たちが現在、解決不能な問題として直面している貧富の格差という、生じたらなかなか元に戻すことができない問題が、「そもそも生じない」ような仕組みがつくり上げられてきたのだと言えるでしょう。本章の冒頭で述べたような現代世界において解決困難な難問が、人類の知恵においてすでに解決されていたのだと考えると、それはものすごいことですね。

4　権力とは何か

ここまで、いわゆる人間生活の「経済」について述べてきました。ここからは、それと深く連動していて切り離すことのできない「政治」について、特に政治的な「権力」について見ていきたいと思います。

日本国憲法の第四一条において、「国会は、国権の最高機関」であるとされています。それは、英訳すると、「The Diet shall be the highest organ of state power.」となります。国家の「権力（power）」が存在することが、日本国の前提となっているのです。

権力の意味は皆さんもわかるでしょうし、人々にゆるやかに理解されているかもしれませんが、権力というのは実はとても扱いにくい概念です。

国家は、警察や軍隊などの「暴力装置」を持っています。そして国境内部の個人や団体に対して、たとえ個人や団体が望まないことであっても、それらの意思とは無関係に、法に則って行使ないしは強制できる力を持っています。権力とは、この行使力ないし強制力のことです。こうした見立てのもとでは、権力は「上」から「下」に行使、ないしは強制されるものとして理解されるでしょう。

このような見方は、「上」から強制される権力に対して「下」から抵抗することによって権力から解放されるという考え方を生みました。一九六八年のフランスでは、労働運動や学生運動の高まりを背景に、「国家が禁止することを禁止して自由を獲得する」というスローガンのもとに人々が結集して、いわゆる「五月革命」と呼ばれる社会反乱が起きました。ゼネストが起き、数百万人が街頭行動に参加しました。「五月革命」は、「上」から禁じられたり施されたりした抑圧からの解放という、それまでにもあった政治運動の流れの中で理解することができます。

同じ一九六〇年代頃には、人種、障害、エスニシティ、ジェンダー、セクシュアリティといった課題の中に現れる不正義や不平等に対しても目が向けられるようになりました。女性差別や同性愛嫌悪という、社会内部に潜む根深い課題に対して、社会運動が行われるようになったのです。

ところで近年、「性加害」という言葉をよく耳にするようになりました。某アイドル事務所の社長を長年にわたって務めた男性が、権力不均衡な関係性の中で、アイドルである若い男性たちに対して性的な関係を強要し、人権侵害を犯していたのです。そのことが、彼の死後大きな社会問題となりました。

それだけではなく、そうした人権侵害が行われていることに気づいていながら、市場の価値を重んじるあまり、その問題を報道で扱わず、さらには検証してこなかったことで二次被害をもたらすことになったアイドル事務所や報道機関の姿勢もまた現在、問われています。つまり、日本のメディアはこの問題について見て見ぬふりをしてきたわけです。その点において、社長本人だけではなく事務所や報道機関もまた、性被害者たちに対して権力を行使していたことになります。しかしこの種の権力はなかなか気づかれにくいものでもあるのです。

権力は、いったいどのようにしてうまく隠れることができるのでしょうか？　私たちは、権力から逃れられない存在なのでしょうか？　私たちには、権力をコントロールすることなどできないのでしょうか？

権力に関しては、先に述べた捉え方とは異なる見方があります。一九六〇年代の政治運動や社会運動の流れの中で、既存の権力の見方を刷新したのが、第1章でも少しだけ取り上げたフランスの思想家ミシェル・フーコーです。

彼は、権力とは、つねに「上」から「下」に働いて相手のふるまいを自分の思いどおりに左右できるような能力や権限ではなく、自己と他者の関係の中で、互いのふるまいに影響を与え合う時に働くものだと主張しました。フーコーは権力を、日常のあらゆる場面に見いだされる、非対称だけれども、固定されておらず、いつでも反転する可能性を持つものだと捉えたのです。難しい話かもしれませんが、そういうふうに権力を見ることも可能だということを、ここでは補足的に説明しておきます。

さて、ここからは、社会的・政治的なリーダーという存在に焦点をあてて、リーダーに必要以上の権力を持たせない仕組みをつくり上げてきた狩猟採集民プナンのケースを検討してみたいと思います。

5　気前のいいビッグマン、不穏なビッグマン

前述のように、プナン社会は獲物や様々なモノを分かち合うことによって、貧富の格差がない、平等主義的な社会を築き上げてきました。

だとすると、そこにはリーダーはいないのでしょうか？

プナンの共同体にも全くリーダーがいないという訳ではありません。世襲的ではなく、その場その時に生まれるアドホックな（一時的な）リーダーがいるのです。プナン語では、ラケ・ジャアウ（大きな男）と呼ばれる存在で、英訳すれば「ビッグマン」です。

どのように選ばれるかというと、シェアリング・エコノミー、つまり皆で分かち合う経済を他の人たちよりも積極的に行う人物が、ビッグマンになる可能性があります。でも投票で決めたりするわけでもなく、自然にそうなっていくのです。つまり、ビッグマンという社会的地位が先にあってその地位に誰かが選ばれたり、誰かが就いたりするのではありません。言い換えれば、職位に権力が属しているわけではないので、権力が「上」から「下」に発生するわけではないのです。

率先して周囲の人たちに対してモノを分け与えることにより、そのことが人々に評価された結果として、人はビッグマンになるのです。プナン社会の根本原理「ケチはダメ」、「寛大であるべき」を最も実践する人物こそが、ビッグマンなのです。

本章の3節で見たように、シェアリング・エコノミーが行われている社会において分かち合うことは当然のこととみなされていて、分け与えてくれた人物に対して謝意を述べることはありませんでした。モノが贈られた時に「ありがとう」という言葉が発せられることはありません。プナン語にもまた、「ありがとう」という言葉自体がないのです。

何ごとに対してもすぐに「ありがとう」という言葉を発して、謝意を伝える私たちのやり方は、プナンには通じません。ただ、それに代えて、ほとんど使われる機会はありませんが、分かち合う寛大な精神を称える「よい心がけ（ジアン・クネップ）」という言い回しがあります。分け与えるのは当然のことと考えられていて、その精神が称えられるのです。贈与交換の原理が、私たちとプナン社会では、根本的に違っています。

気前のいいビッグマンのもとにはいろいろなものが集まってくるのですが、集まってくるのはお金やモノだけではありません。誰それがどこそこで何をしたとか、けがをしたとか死んだとか、どこそこにヒゲイノシシやシカの真新しい足跡があったなどの情報もまた、彼のもとに集まってくるのです。

ビッグマンは、早朝、狩猟キャンプのメンバーが起きているかまだ起きていないかの時間帯に、みなに向かって話しかけます。ポトックと呼ばれる朝の会議です。どこそこの川の上流に昨日動物の足跡があったから今日はそちらを目指して狩猟に出かけよとか、オオミツバチが高木に巣を作っているので果実の季節はもうすぐやって来るはずとか、それに備えて毒矢づくりにかかれなどという、生きていくうえで有用な情報も惜しみなく分け与えるのです。

その意味で、ビッグマンの言葉には重みがあるのです。そうした日々の行動によって彼はますますビッグマンとしての地位を安定させていくのです。物惜しみをせずに、モノであってもお金であっても情報であっても、何でも分け与えることによって、彼に対する人々の信頼が高まっていくのです。キャンプのメンバー同士が諍《いさか》いを起こした時などには、彼の発する言葉は、問題を裁定する重要な指針となります。

さてここで、本章2節の、幼児が生まれながらに持っていた独占欲を殺がれていったエピソードを思い出してみてください。誰にでも独占欲が生まれながらにして備わっているのだとすれば、ビッグマンにだってまだ独占欲が残っていないとも限りません。周囲の人々に率先してモノを分かち合うことによってビッグマンとなった男にも、モノを独り占めしたいという欲求は残っているのです。

ビッグマンは、自分のために、あるいは家族のために、お金を貯めたり蓄財したりすることがあります。自らそうする場合もあるでしょうし、家族にねだられてする場合もあるでしょう。いずれにせよ、実際に蓄財や貯金が行われると、そのビッグマンは「持つ者」になります。その結果、他の「持たざる者」とのあいだで格差が生まれることになり、平等主義の原理が崩れてしまう可能性が生まれます。

言葉が重んじられ、お金やモノを持つようになると、ビッグマンは権力を意識し、周囲の人々に対して、尊大にあるいは傲慢に振舞うようになるかもしれません。興味深いのは、プナンは、蓄財するというビッグマンの「穏やかでない」振る舞いを決して見逃したりしないということです。ビッグマンが独占欲を見せ始めていることを察知した人たちはいったいどうするのでしょうか？　人々は、当のビッグマンに対して文句を言ったり、述べ立てたりするよりも、そのビッグマンに見切りをつけて、彼のもとから離れていくことが多いのです。いわば、黙って行動に移るわけです。

そうした勘を働かせた人たちは、別の気前のいい、ケチではない、シェアリング・エコノミーをよくするビッグマンのもとに馳《は》せ参じて、そちらのビッグマンのもとで暮らすようになります。そういった意味でプナンは、社会的な流動性の高い社会を生きています。

私が、三家族計一一人の狩猟キャンプに滞在していた時のことです。ある時突然、別の場所から一家族五人が家財道具を携えて、私たちの狩猟キャンプにやって来たことがありました。彼らは、何も言わないで、私たちの小屋の隣に自分たちの小屋を建てて住み始めたのです。その後、そこにもともといた家族と協力して、狩猟や漁撈《ぎょろう》活動をするようになりました。

後に聞いたところによると、五人家族は、彼らがそれまで一緒に行動していた狩猟キャンプのビッグマンが、キャンプメンバーが木材会社で働いて得た賃金を自分の家族のために用立てるようになったのと同時に物惜しみをするようになったのに嫌気がさして、そこから離れ、移動してきたということでした。欲張りなビッグマン、つまり物惜しみをするようになり、自ら蓄財をするようになったビッグマンのもとからは、人々は離れていくのです。聞くところによると、そのケチなビッグマンのもとからは、もうひとつ別の家族も離れていったようでした。

人がいなくなると、ビッグマンのもとには、お金やモノだけでなく、情報も入ってこなくなります。それらの流れが途絶えてしまうことによって、彼は、ビッグマンではなくなってしまうのです。

これらのことを踏まえれば、ビッグマンは、気前の良さや物惜しみをしないことによって、一時期、小さな共同体の中で権力を持ち始めていたということができるでしょう。しかし、富を増やして、自分や家族のために使いたいという欲が彼の心の中に住みつくようになると、人心はしだいに離れていきます。ビッグマンが権力を行使するべき対象である人々が彼のもとからいなくなってしまうのです。

人々が周囲からいなくなってしまう前に、ビッグマンは自らの独占欲を抑制するかもしれません。自らの欲ばりな振る舞いを、「ケチはだめ」「寛大であるべき」というプナン社会の根本原理に従って修正するのです。そうすれば、ふたたび彼のもとには、人々が集まってきます。お金やモノ、情報などが入ってくるようになるでしょう。それらを周囲に気前よく分かち合うことによって、また彼は人々に敬われるのです。

ビッグマンが死んだとしても、彼の息子や家族にその地位が引き継がれることはありません。狩猟キャンプに寛大な精神を持った人物がいない場合には、人々は、寛大で物惜しみをすることのない人物のもとに行って暮らすようになるのです。いずれにせよ、権力は、親から子へ、子から孫へと受け継がれるような世襲のものではありません。

言い換えれば、プナン社会においてビッグマンであることは、民心によってのみ可能になるのだと言えるのかもしれません。ビッグマンは実は、人々によってつねに見られ、監視されているほうなのです。気前よく振るまえ、ケチであってはならないという社会的規範を誰よりも実践することと引き換えに、彼は人々を支配下に置くことができるでしょう。それはある種の権力の芽生えでもあるのです。しかし、ビッグマンがビッグマンでありつづけるためには、いつも通り自身が率先して分かち合いを実践し、物惜しみせずにひたすら人々に分け与える必要があるのです。

プナンは、分かち合いをしなくなったビッグマンから逃げて、結果的にビッグマンをその座から引きずり下ろすことによって、権力が一人の人物に集中することを防いでいるのです。ビッグマンの権力とは、なんと儚《はかな》い、最小限の権力であることでしょうか！

6　権力を生じさせないための工夫

狩猟採集民社会からは、広く、プナン社会と同じような権力集中回避システムのようなものが報告されています。

中央アフリカの熱帯雨林には一般に「ピグミー」として知られる狩猟採集民が暮らしています。そのうち、コンゴと中央アフリカには、人口一万五千〜三万人のアカという集団がいます。アカを調査した日本の人類学者である北西功一によれば、アカの集団にはコンベティと呼ばれるリーダー的な年長の男性がいます。コンベティは、他のメンバーに命令することはなく、食べ物の分かち合いにおいても特別にある部分を受け取るといったこともありません。彼は、長年の経験を積んできたため尊敬はされるのですが、強制力や特権を持っているリーダーではありません。

アカにはまた、ゾウを倒したことで、トゥーマという称号を与えられる人物がいます。でもトゥーマは、狩猟以外で何ら特別な扱いをされることはありません。薬草について熟知し、病気治しをするンガンガと呼ばれる呪医もまた、治療や儀礼以外に特別扱いされることはありません。特定の場面でリーダー的な役割をする人物はいるものの、それが他の場面にまで及ぶことはないのです。

このようにアカ社会では、特別な場面を除いて他人に命令する立場に立つ権利を持った人は存在しません。アカの社会でも全体として権力の集中が回避されているのだと言えるでしょう。

次に紹介するのは、アフリカのボツワナ北部のクン・サン（ブッシュマン）の調査において、カナダの人類学者リチャード・リーが経験したある出来事です。彼は、一年以上にわたって実施したフィールドワークのお礼として、牛を一頭屠畜《とちく》してクリスマス・プレゼントにしようと考えました。

しかし驚いたことに、クン・サンの人たちはリーの前でその大きな牛を見て、老いぼれだの痩せっぽっちだと口々に悪口を言ったのでした。そのことにリーはショックを受けます。ところが、宴会当日になってみると、牛は肉づきがよくてやわらかく、料理は人々にとってとても満足のいくものだったようなのでした。

リーは、彼らの牛に対する悪口は、大きな牛を贈ったリー自身の尊大な気持ちに対するものだったのではないかと言います。いったいどういうことでしょうか？　リーは、クン・サンの人たちのいつもの狩猟行動を振り返っています。

クン・サンの狩猟者は、弓矢猟に出かけ毒矢を命中させると、いったんキャンプに戻ります。その後、仲間とともに獲物追跡と運搬のためにふたたび出かけるのです。出かけた先で獲物をうまく仕留めると、仲間たちは、「自分たちをこんな骨ばかりのものを運ばせるために連れ出したのか」と獲物に対して悪口を言い始めます。

しかし、そうした悪口はその場だけのことで、キャンプに運び込まれた獲物はみなで満足して賞味されるのです。それでは、獲物に対する悪口とは、いったい何のためだったのでしょうか？　それは、狩猟者が、自分が獲った獲物の大きさに天狗《てんぐ》になって他の人たちに自慢したり、威張ったりすることを牽制《けんせい》するためだったと、リーは解釈しています。

ちくまプリマー新書の『悪口ってなんだろう』の著者である和泉悠によれば、クン・サンは悪口を言うことによって、誰かが調子に乗るのを防ぎ、大物、すなわち権力者が生まれるのをあらかじめ防ごうとするのです。そうした振る舞いは、平等主義的な狩猟採集民の社会において幅広く観察されています。悪口は、権力者が生まれるのをあらかじめ防ぐために用いられていたのです。

でも、そのようにクン・サン自身が言ったのではありません。それは、あくまでも人類学者リーの推察です。しかし本人たちが述べていなかったにせよ、それを権力を発生させたり権力を特定の誰かに持たせたりすることがないように、無意識のうちに、集団的に工夫されたひとつのやり方なのかもしれないと考えるのは妥当なことでしょう。ここでも、人類による工夫、特に権力を否定して、誰もが平等に暮らしていくための工夫が狩猟採集民社会においてなされてきた片鱗《へんりん》を見ることができます。

人類はこれまで、権力が集中したり、権力の発生を未然に防いだりするやり方をすでに自前で持っていたのです。そして、地球上にはいまだに、それらのことをいとも簡単にやってのける人たちがいるのです。

逆に言えば、権力から逃れることのできない私たち現代人は、人類として、とてつもなく遠いところに来てしまっているのかもしれません。振り返れば、格差を「そもそも作らない」世界を目指した上で、権力が集中しないような工夫をすることが、現代世界において根本的な解決の見通しが立てられない経済格差と権力の問題を解きほぐすためのひとつの大きな糸口になりうるのではないでしょうか？

第3章　心の病や死とはそもそも何なのか

現代日本ではいま、あらゆる現象が加速度的に変化しています。うつ病の患者数は年々増え、出生数が減少するとともに高齢化率は上昇し、死者数も増えてきています。第3章では、刻々と変化している私たちの身の周りのこうした現実に目を向けて、人類学的に考えてみたいと思います。

まずは、現代日本では増え続けているうつ病などの「心の病」が「ない」社会を紹介しつつ、また、私たちの想像する心の病とは大きく異なる心の病を持っている社会のことを取り上げます。心の病の多様性を知ることで、心の病をめぐる私たちの世界をひっくり返してみたいと思います。

次に、日本における死、とりわけ私たちの死への「向き合い方」が大きく変化している事実を取り上げます。今後、葬式は要らなくなり、死そのものが消滅するかもしれません。私たちはいま、死をめぐってどこに向かおうとしているのかを探ってみようと思います。

1　働きすぎやうつ病をめぐる私たちの日常

二〇一三年、都議選の取材をしていたNHKの記者・佐戸未和さんが、自宅のベッドで手に携帯電話を持ったまま死亡しているのが発見されました。享年三一。直接の死因は心不全で、厚労省によって「過労死」と認定されました。死亡前月の公式な残業時間は一五九時間だったのですが、両親が調べたところ、二〇九時間の時間外労働をしていたことが分かりました。過労死ラインが一カ月の平均残業時間数八〇時間と言われていますから、その二倍以上もの仕事をこなしていたわけです。

日本では現在、いわゆる過労死が社会問題になっています。過労死とは、働きすぎによる疲労、睡眠不足、栄養不良、運動不足に起因する主に心疾患による死です。また、過重労働による精神的ストレスの結果、働き手が自ら命を絶つ過労自殺も報告されています。佐戸さんが亡くなった二〇一三年の一年間では、厚労省は、過労死と過労自殺で一九〇人の死亡認定をしています。しかもこの数字は公認された死亡者数だけですから、働きすぎの結果、深刻な精神障害や健康障害を引き起こして苦しんでいる人の数はさらに多いものと考えられます。疲労困憊《ひろうこんぱい》して労働災害を引き起こした人の数もまた同様です。

精神科医の清水徹男によれば、働きすぎは心身の健康へ明確な悪影響をもたらします。長時間労働の後に寝床に入っても、頭はまだフル回転のままでクールダウンできず、その日の仕事や翌日の予定が気になって、なかなか眠りにつくことができないのです。過重労働は睡眠不足や不眠につながります。不眠というのは慢性化しやすく、不眠が慢性化した人は、不眠のない人に比べて、うつ病発症のリスクが数倍に高まることが分かっています。

ここで、うつ病をはじめとする心の病について、いくつかの報告を確認しておきましょう。

まず、経済協力開発機構の国際調査によると、日本国内のうつ病・うつ状態の人の割合は、二〇一三年調査では七・九%だったのに対し、新型コロナウイルス流行後の二〇二〇年には一七・三%と二倍以上に増加しています。また、精神科医である和田秀樹によれば、一九八〇年代後半からうつ病患者は三・五倍になっているそうです。ただしこれは単純に患者数が増えているというよりも、医者にかかる人が増えているためなのかもしれないので、注意も必要です。しかしいずれにせよ、日本国内で、概算で六〇〇万人ほどがうつ病を患っているのだとすると、私たちは「うつ病の時代」を生きているといっても過言ではありません。

うつ病は、ストレスの多い環境に身を置くことで、脳のハード面、ソフト面双方のバランスが崩れてしまい発症する病気だとされます。ハード面、つまり脳科学面でいえば、脳内神経伝達物質のセロトニンが減って脳の機能が落ち、気分や感情、考え方などを正常に制御できなくなる状態です。これが「セロトニン仮説」ですが、それだけでなく、うつ病の発症には、怒りを感じた時に分泌され、体や脳を覚醒させるノルアドレナリンの分泌量が少なくなることも関係しているとも言われます。意欲や集中力が低下し、うつ病の発症に至るのです。

佐古泰司と飯島裕一の『うつ病の現在』によれば、従来うつ病には、気分がふさぎ込む強い抑うつ状態が続き、自分を責めて、何事にも興味や関心がわかなくなり、食欲がなくなり眠れなくなったりするという特徴がありました。ところが現在、抑うつ状態は示すのですが、状況によっては好きなことを楽しめたり、他人への配慮が足りず、自己中心的に見えたりする新しいタイプのうつ病が増えているようです。精神科医の岡田尊司は、このような、職場では調子が悪くやる気がまったく出ないものの、家に帰ると比較的元気で自分の趣味などには熱中して取り組めたりするタイプのうつ病は、「新型うつ病」とも呼ばれていると指摘しています。

2 うつ病や心の病のない社会

日本の状況を確認したところで、ここからは日本以外の社会の話をしていきましょう。かつて、一九九〇年代半ばに私が調査を実施した焼畑稲作民カリスの社会にも「心の病」であるとされるような人たちがいました。それには、「ラオラオ」と「マウノ」と呼ばれる二つの様態がありました。ラオラオは、真正の狂気であるマウノへの移行期で、マウノになると、情緒不安定で突然暴れて人を傷つけたり、来る日も来る日も道に石を積み上げたりといった行動を見せるようになります。

他方で、心の病が存在しないと思われる社会もあります。本書で何度も取り上げている狩猟採集民プナンの社会はまさに、そういった心の病を抱えている人が存在しない社会です。とはいっても、「ある」ことの調査に比べて、「ない」ことの調査はたいへん難しく、断定はできないのですが、少なくとも私がフィールドワークに通っているこれまでの一九年間では、精神を病んだり心の病を抱えているプナンに会ったことがありません。プナン語には、前出のカリス語「ラオラオ」と「マウノ」のように、精神病や心の病を表す言葉そのものもないのです。

そこで仮に、プナン社会に精神病理のたぐいがないことを認めるならば、彼らは、なぜ精神を病むことがないのだろうかということが次に問われるべきでしょう。

私自身の経験から言えば、プナンは、独りで思い悩んだり、あれこれ考えあぐねたりするようなことがありません。のべつ誰かが「私」の傍《そば》にいて、「私」のことを気にかけています。ヒゲイノシシが獲《と》れたら、夜の三時であろうが四時であろうが叩《たた》き起こされ、食事をするように強いられます。自分のことについて思い悩む暇がないほど、個が集団に溶け込んでいるのです。そうしたことが、心の病が「ない」という事態に関係しているのかもしれません。

もちろん先ほども述べたように「本当にない」とは言い切れないのですが、しかし、うつ病などの心の病がないように見える狩猟採集民社会の暮らしは、うつ病を含む精神病理が大きな社会問題となっている私たちの社会を見つめ直す上で、重要なヒントを与えてくれるかもしれません。

また、このことに関連して、心の病にも様々な様態がありうるという話をしてみましょう。現代日本ではあまり耳にしたことがないような心の病が地球上には広がっています。

一九世紀はヨーロッパの国々がつぎつぎと植民地を獲得していった時代でした。ヨーロッパの人たちは、自分たちが獲得した植民地に出かけていき、そこでそれまで見聞きしたことがなかったような現地人の奇異な心の病を目の当たりにするようになりました。そしてそれらが、自分たちの知っている精神病理と同じものなのかどうかを探り始めたのです。

一九〇四年にジャワを訪れた精神医学者のクレペリンは、「ラター」という奇妙な現象を目撃しました。そして、それを「本来思慮分別の完全に保たれた状態のところに、突然の情動興奮によって、汚言を伴った模倣自動が生じるのである。（中略）それは、我々がヒステリー患者において折々体験するものなのである」と記しています。

要は、ジャワで見られる「ラター」は我々の知っている「ヒステリー」のようなものだと述べているのです。ラターは、広くマレー半島、ボルネオ島、ジャワ島の諸地域の人々に見られる特有の行動パターンです。それは一般に、卑猥《ひわい》な語彙を発したり（コプロラリア）、他者の言葉を模倣したり（エコプラクシア）、他者の行動を反復したり（エコラリア）、他者の指示に自動的に応じる行動（オートマティック・オベーディエンス）によって特徴づけられ、過度の驚きに対する反応であるとされます。

クレペリンは、このラターを、ヨーロッパですでに知られている精神病理のひとつである「ヒステリー」と同じようなものだと考えたのでした。その上で、ヨーロッパにおける精神病理との違いが見られるのは、「ジャワの人々の人種的で先天的な未発達さによって脳の反応様式が異なっているためだ」と結論づけました。ジャワの人々をヨーロッパ人より「劣っている」と考えていたわけです。このようにして、植民地主義の下で、現地の人々の不可解な行動が、非ヨーロッパ社会の特異な「精神病理」を示す事例としてしだいに発見されていきました。逆に言えば、その時代には、非ヨーロッパ人の特異な「精神病理」の存在が、ヨーロッパ人の人種的で先天的な優越性を示す証拠だとも考えられたのです。

クレペリンの比較精神医学から七〇年後、中国の精神科医ヤップは、ラターなどの「精神病理」は文化的な要因と密接に結びついたものだと考えました。人間集団間の人種的で先天的な差異ではなく、その人たちが置かれた文化的環境によって生じるのだと捉えたのです。そしてそれらを「文化結合症候群」と名づけています。医療人類学者の池田光穂によれば、それは現在、「文化特異性障害」と呼ばれることのほうが一般的です。

「文化特異性障害」には、他にどのようなものがあるのでしょうか。

中国の南部では、売春婦との性交や自慰行為などは、陰陽の調和を乱すと考えられていました。男性の好ましくない性行為は、生命の素である陽気の喪失によるペニスの縮退として現れ、最後にはペニスが腹の中に引っ込んでしまい、死に至る「コロ」という病気にかかるのです。自分のペニスが縮退しつつあることに気づいた男性は強い不安とパニックに陥って、死を避けるためにあらゆる手段でペニスの縮退を防ごうとします。コロは流行病のように蔓延《まんえん》し、その流行はいつのまにか沈静化してゆくと言います。

また、「北極ヒステリー」は、極地周辺の人々の間に見られた「文化特異性障害」です。イヌイット語では、ピブロクトクと呼ばれています。ピブロクトクになると、人々は、自分の衣服を引き裂き、他人といざこざを起こし、雪原に身を投げ出し、鳥や動物の鳴きまねをすると言います。シベリアでは、思慮分別のない、模倣症的な症状が特徴だとされます。北極ヒステリーに共通するのは、「興奮した人格分離状態」です。

なぜ北極ヒステリーのような「文化特異性障害」が起きるのかに関しては、いくつかの仮説が出されています。限られた資源をめぐる競争とその社会的な葛藤という社会病理的な仮説、カルシウムの摂取不足と日照の欠乏によるビタミンDの低下によるものとする生化学的な仮説、日周リズムの変化の身体や行動への変化という生理学的な仮説などです。

ところで、先ほど述べた、ボルネオ島の焼畑稲作民のカリスの社会にも「ラター」が見られます。以下では、それが具体的にどのような現象なのかを紹介しましょう。

3　カリスの唇のあやまち

カリスの村で私がフィールドワークを始めて数カ月経つ頃、あちらこちらで集まっているカリスの人々が突然一斉に笑い出すことがあるのがとても気になっていました。笑い転げて、家の中や焼畑耕作用の仮住まい小屋からいきなり飛び出してきた人たちもいたくらいです。「よく皆で集まって笑い転げる人たちだ」というのが、カリスをめぐる私の第一印象のひとつでした。カリス語に慣れるにつれ、そのような場に直に接する機会が何度かあって、ことの輪郭が少しずつ分かってきました。

何が起こっていたかというと、子どもや孫がいる女性の中で特定の人物が、儀礼の場や人々が集まって話をしている場で、何かに驚いた際に、場違いで全く現実から離れた言葉を発して、人々を笑いの渦に巻き込んでいたのでした。その言葉というのが、何を言っているのか分からない意味不明の言葉だったり、ふつう人前で言ってはいけないとされる卑猥語だったりしたのです。そうした言葉が次から次へとポンポンと飛び出して、聞いている人たちは大笑いしていたのです。

高床式の焼畑の出作り小屋に上がり込んだ時、梁《はり》の部分から吊《つ》り下げられていた鍋に頭をゴツンと、音がするほどぶつけました。私は、思わず「あ、痛い！」と日本語で叫びました。それを目の前で見ていた五〇代の女性は、その瞬間「わー、クマだ！（*o, baruang!*）」と叫びました。それは、私がクマに似ているということではありません。目の前で繰り広げられた私の行動にびっくりした女性が、思わず知らずのうちに発した、意味のない言葉だったのです。

またある時、私は床に座って、出されたコーヒーを飲みながら彼女や彼女の子らと話し始めました。話に熱中しすぎて、床に置かれたコーヒーの入ったカップを倒して中味をこぼしてしまったのです。あっ、と小さく叫んだように覚えています。彼女は、とっさに叫びました。

「お母ちゃんのオマンコ触ってよ！（*japut jo palaka andu!*）」

私には何を言っているかつかめなかったのですが、その狭くて窮屈な小屋の中にいた数人の男女がみな、けたたましく笑いました。彼女は、コーヒーが床にこぼれるのを見て、あるいは私の小さな叫び声にびっくりして、とっさに、ふつうなら言ってはいけない卑猥語を発したのです。

こんなこともありました。六〇代の女性に、私が録音したばかりの会話の様子を巻き戻して聞かせた時、彼女は自分の声がテープ・レコーダーの中から聞こえてくるのに驚いて叫んだのです。

「わー、あんたのお父ちゃんのオチンチン！（*o, laso ama ku!*）」

その言葉は、周囲の人々の笑いを誘いました。彼女にとっては、自分の声が小さな箱の中に入っているのを聞くのは、生まれて初めてのことだったのでしょう。それは、知らず知らずに、口をついて出た卑猥語だったのです。

テープ・レコーダーから聞こえてきた自分の声に耳を澄ましていた彼女は続いて、

「やられちゃってたのね！（*da-ampi-en!*）」と叫びました。つまり、知らない間に性的にもてあそばれていたと言うのです。いったいどういう意味なのでしょうか？　彼女の語彙の中に「録音される（*da-rekam-en*）」というテクニカル・タームがなかったとも考えられますが、実際にはそれは、知らず知らずのうちに発せられた卑猥語のようでした。自分の声が小さな箱の中から聞こえ続けることにびっくりして、何か言おうとしたのでしょう。その時、卑猥語が思わず口から出たのです。私の隣にいた男性は、「サラババ（*sala' baba*）」だと私に向かって呟いて、甲高い笑い声をあげました。

「クマだ！」「お母ちゃんのオマンコ触ってよ！」「あんたのお父ちゃんのオチンチン！」「やられちゃってたのね！」

　こうした言葉は、中高年の女性たちが目の前で起こったことに驚いた結果、意識せずに口から出た「サラババ」だというのです。カリス語で「サラ」はあやまち、「ババ」は唇のこと。すなわち「唇の過ち」であり、正しい語彙を発する代わりに、あやまって意味のない語や卑猥語を知らず知らずのうちに発することです。そして、そうした発話を聞いた周りの人々は、けたたましく笑ったり、笑い転げたりするのです。

　サラババは、カリスの人々が言うように、マレー語で「ラター」を意味する言葉です。

カリス社会で見られるのは、正しい語彙を発する代わりに卑猥語を発したり、意味のない語彙を知らず知らずのうちに発したりするというパターンだけです。以下は、親族関係について推定年齢六〇歳の女性にインタヴューをした時の録音資料です。彼女の周りでは、何人かがこのインタヴューの様子を見聞きしていました。

私　：あなたの父親は何人兄弟だったのですか？
女性：「五〇（*lima pulo'en*）」、いえ、五人（*lima parien*）。（爆笑）
私　：Aさんはあなたの兄弟ですか？
女性：「オチンチンのつながり（*sitampung laso*）」（爆笑）、
　　いえ、へそのつながり（*sitampung pusit*）。
私　：（隣にいた男性に）煙草《たばこ》（*rokok*）をどうぞ。
女性：この人は「ズボン（*sarawar*）」を食べませんよ（爆笑）……、
　　私の兄弟は、「私は死にました（*mate aka*）」。（爆笑）

彼女は、私の質問に父親の兄弟が五〇人と言ってから、五人と言い直しています。私からインタヴューされることに驚いていたのかもしれないですが、ここまでに見たような、物を落としたり、とつぜん大きな音がしたりするほどびっくりするような出来事が必ずしも起点になっているのではありません。

カリスでは、兄弟姉妹のことを指して「へそでつながっている人々」と表現することがよくあります。ここでは、Aさんが「へそのつながり」、つまり兄弟であると言うところを、「オチンチンのつながり」と言っています。「オチンチン」という卑猥語が、へその代わりに持ち出されているのです。さらにこの女性は、煙草のことをズボンと間違えて言っていますが、訂正はしていません。最後は、兄弟が「全て」死亡したことを伝えるのに、「自分が」死んだと言い間違えています。

このように次から次へと言葉を言い間違えるのです！　言葉を間違っても本人は訂正しないし、訂正する暇がないくらい、次から次へと間違っていきます。周囲の人々は、彼女の一言一句に大笑いしています。

その場に居合わせた人たちは、彼女を驚かしてもっとサラババを楽しもうと、「ヘビだ！（*urar!*）」と叫んで細い縄を彼女の前に投げ入れたり、彼女をくすぐったりしました。彼女は「くすぐらないで、いい加減なことをしゃべってしまうから」と述べていたことから、からかいを止めさせようとしていることが分かります。本人も楽しんでいるというわけではないのです。そして話が進むにつれて彼女はますます間違ってしまうので、途中からもうインタヴューどころではなくなりました。彼女は、最初から最後まで、何か言おうとすると間違ってしまう。そして、そのことが、その場にいる人々の爆笑を誘うのです。

もう一人別の女性のサラババを紹介しましょう。以下は、凄まじいサラババの女性がいると聞いて行った、六〇代の女性に対するサラババに関する私のインタヴューです。助手というのは調査研究を手伝ってもらっていた現地の男性です。

私　：いつ頃からサラババになったのですか？
女性：私は養子にもらわれて、義母の母はサラババでしたよ。
助手：最近のことですよ、彼女がサラババになったのは。孫のことを夫って言う。

女性：「お母ちゃんのオマンコの毛」。私は「堅いものを食べるとウンチがよくない」。「オマンコ」「雨が強く降って」「マンゴーが汗をかいている」。私は「バトゥ・アンパール」……。（周囲の人たちの笑い）

助手：あなたが何か言って正しかったことなどない。どうしてサラババになるの？

女性：「バトゥ・アンパール」の「学校」に行ってた。私は「やられちゃってるのね」。（爆笑）

助手：サラババの唇を切り取ったほうがいいんじゃない？（笑）

女性：そんなこと言っちゃいけませんよ。「バトゥ・アンパール」の「学校」に行った。もう「木が折れてしまってる」。

この女性の回答は、最初はまともなものでした。私の質問に対して、養母の母がサラババであったと返しています。直後に助手が割り込むと彼女は卑猥語を口走りはじめ、その後何かを言おうとしたのですが言うことができずにほとんど関係のない排便の話となり、卑猥語へと続き、雨やマンゴーなどの語句が挿入され、学校がある場所の地名が出されました。この時点で、ほとんど何を言っているのか分からなくなっています。助手の質問に対しては、「バトゥ・アンパール」や「学校」という語で応じていますが、意味不明です。なおこれらの語彙は、この日の彼女の会話によく出てきた、意味のない間違いことばです。さらに卑猥語が続きます。

最後の「木が折れてしまってる」というのは、私の助手によれば、座ろうとする木が折れてしまっている、つまりサラババになってもやってはいけなくて、もうどうすることもできないほど、サラババになって取り返しがつかなくなってしまっていることを言わんとしていたとのことでした。助手の言う通りだとすれば、サラババとは、たんに意味のない間違った言葉を発してしまうだけではなくて、文脈から外れて発せられた語句の中に、彼女の言いたいことが含まれていることがあるようなのです。

自身のサラババについてこの女性が言いたかったことは何だったのでしょうか？　サラババは自分で意識して容易に止めることのできない間違いで、責められてもどうしようもないと言いたかったのではないでしょうか？　全体の流れから言いたいことが微《かす》かに類推されるのです。

4 それは心の病ではない

臨床神経生理学者のバッカーらの研究によれば、ラターは社会文化的行動であり、精神障害、神経症です。彼らは、ラター患者に大音響を伴う刺激を与えて、筋肉に発生する微弱な変化を検出するとともに患者が示した発声やエコー現象を分析した上で、ラターを神経精神学的な驚愕反射《きょうがくはんしゃ》だと結論づけています。臨床的には、聴覚性や触覚性刺激に対して過剰な驚愕反射を起こす「過剰驚愕症」、異常な脳幹反射が見られる「反射性障害」、音響的な刺激に対する神経精神学的な「驚愕反射症候群」という病態と病名があるとされます。

これに対しカリスのサラババは、間違った言葉や卑猥語が、驚いたり、驚かされたりした時だけに発せられる場合もあれば、相互行為の場面で習慣的に発せられる場合まであり、人によって様々です。言い間違えて笑われても、発話の中で、言いたいことを何とか表現しようと努めていることについては、今しがた見たとおりです。それらのことから、音響や聴覚・触覚性刺激に対する驚愕反射だとは必ずしも言えないように思えます。

サラババの人物に尋ねると、彼女たちは「一人でいる時にはサラババにならない」と言います。その意味で、サラババは、社会的な相互行為場面で、周囲の人々が与える刺激に対する反応であるのだと言えるかもしれません。言い換えれば、それは社会文化的行動、あるいは社会文化的な言語現象なのです。

カリス社会には、我々と同じように、通常は口にしてはいけない言葉があります。また、言葉は間違ってはいけないものだという緩やかに共有された言語規範が存在します。私がカリスの村に入ってすぐの頃、物珍しげに集まって来る子どもたちから、誰と誰が親子であるとか兄弟姉妹であるとかを含めて、親族関係をたどろうと、父母、祖父母の名前を聞き出そうとしました。その時、彼ら彼女らは、口に出してはいけないと言って、頑《かたく》なに父母、祖父母の名前を言うのを拒んだことがありました。カリス社会では、父母、祖父母や義父母の名前などを日常的に発してはいけないのです。また、卑猥語や差別語も日常的に発してはならないとされます。

それとともに、言葉を間違えることも、社会秩序を乱す原因であるとして、してはいけないとされます。このように、言ってはいけない言葉を発することは「サラロロア(*sala'loloa*)」と呼ばれます。サラは間違いやあやまち、ロロアは言葉ですので、サラロロアとは、言葉のあやまちのことです。これは単なる「言い間違い」ではなく、我々で言うところの「ウソをつくこと」に近いものです。

言っていることがサラロロアだとされた場合、慣習法の手続きに基づいて罰せられることがあります。たとえば、ある既婚男性がある未婚女性のところに「夜這《よば》い」に行ったと吹聴した女性は、そのような事実がなかったと当の男性から訴えられました。既婚男性の夜這いが発覚すれば、妻と妻の父母に対して罰金を支払わなければならないのです。うわさを流したその女性は、そのような事実がなかったことが証明されたことに基づいて、男性に罰金を支払うように命じられました。根も葉もないうわさを流した女性は「サラロロア」でした。

ところが、サラババの場合は、そのような規範に反したとしても許されているようなのです。どんなに卑猥語を連発しようと、間違った言葉を発しようと、社会的制裁が課されません。その理由は、サラババが、サラロロアのように「言葉」のあやまちではなく、「唇」のあやまちだからです。ババ（唇）がサラ（間違う）のです。カリス社会において、「言葉のあやまち」は、発話主体である人間が間違っているのですが、「唇のあやまち」は、発話の器官である「唇」が間違っているということのように思われます。

ある言動がサラババであると社会的に認められると、その人物の言葉の間違いや卑猥語の発話は「言葉のあやまち」ではなく「唇のあやまち」として、規範から除外されます。そして多くの場合、人々の笑いの対象となります。さらにそれは、歳とともにひどくなり、かつ人から人へ伝染するのです。

四〇代半ばのサラババの女性に、サラババについて聞いてみました。

助手：いつ頃からサラババになったのですか？
女性：三五歳くらいから。
助手：歳とともに強まってくると言いますが。

女性：そうです。びっくりさせる人がいるとひどくなるんです。
助手：家族にサラババはいましたか？
女性：「カプアス」、いえ、死んだおばで何人か。子どもたちは年寄りのことを笑うんですが、当たってるつもりが間違うんです。
助手：サラババの原因は何ですか？
女性：伝染《うつ》るんですよ。
助手：一人の時も出ますか？
女性：「レパンちゃん」いえ、ふつうです。（笑）
助手：人と話すと、汚い言葉になるんですね。
女性：時々ね。（爆笑）

唇が間違ってしまうカリスの女性たちは、言い間違え始めるとひたすら間違え続けます。どんどんとサラババを常習化させていくのです。それは、言っていることが次から次に間違って、言いたいことが言えない辛く苦しい経験でしょう。しかし周囲の人々は、彼女の言っていることを笑い、時には笑い転げるのです。

はたしてこれは、ヨーロッパの精神医学が発見したような心の病なのでしょうか？　そうとも言えるかもしれませんが、そうではないかもしれません。少なくとも、カリス社会ではそれは、ラオラオやマウノのような狂気や心の病であるとは考えられていません。

いずれにしてもそれは、私たちが現代社会で直面している、うつ病やその他の精神障害とはなんと大きく違っていることでしょうか。このことは、ひるがえって考えれば、サラババだけでなく、私たちの社会に広がる心の病もまた、特定の社会環境下で生み出され、様々な要因によって増幅する社会心理学的な問題だということになるのかもしれません。

私たちの身の周りの心の病の蔓延を危惧して対処法を探るだけでなく、地球上の心の病的な現象から、うつ病などの精神疾患をひっくり返して眺めてみれば、精神の障害に対して、新たに考えるための手がかりを得ることができないでしょうか？　大切なのは、そもそも心を病むとはいかなることなのか、精神病理とは何かという点に立ち返って探ってみることなのです。

5　日本における「この世」からの別離

さて、ここからは、「死」の話をしようと思います。死に対して、人々がどのように対処してきたのかという点が、ここからのテーマです。

まずは、日本で「この世」からの別離がどのように行われてきたのかを、歴史を振り返りながら探ってみようと思います。「葬儀」は歴史学にも民俗学や人類学にも多くの蓄積がある分野です。

日本の葬儀は、江戸時代前期に寺が檀家《だんか》を中心に人びとの死に関わるようになったことを出発点として、仏教と深く結びついてきました。長い間、葬儀の運営は寺を中心として、地域共同体によって担われてきました。つまり、お坊さんを呼んで、近所の人に手伝ってもらって、自分の家でお葬式をあげる形です。しかし太平洋戦争後しばらくすると、そのような葬儀と社会の関係が大きく変化しました。その背後には、高度経済成長期以降の葬祭業者による葬儀への介入があります。

葬祭業は、明治期には、東京・大阪などの都市部ではすでに成立していたとの報告がありますが、全国的に葬祭業者が葬儀を担うようになったのは、高度経済成長期以降のことです。昭和三〇年代頃、葬祭業者は工場生産される祭壇や葬具を仕入れて、「葬儀ビジネス」を始めるようになったのです。

民俗学者・山田慎也の葬儀をめぐる研究を取り上げてみましょう。和歌山県のある漁村で葬祭業者が誕生したのもちょうどその頃、昭和三六（一九六一）年のことでした。山田によれば、その漁村では、かつては、死の知らせを受けた人びとが死者の家にやってきたと言います。そのような「テッタイド（手伝い人）」が葬儀の助力であり、実質的な葬儀の担い手でした。男性のテッタイドが方々の親戚に通知を行い、祭壇の飾りものや葬列に用いる葬具などを作りました。女性のテッタイドは、喪家とテッタイドのために食事を準備したようです。墓掘は、男性のテッタイドが行いました。棺を担ぐのは遺族や親戚でしたが、埋葬はテッタイドの仕事でした。喪明けまでの儀礼を進めたのは、遺族や親戚よりもテッタイドが主だったと言います。

その漁村で、一軒の提灯屋《ちょうちんや》が蓮《はす》の造花を供物として制作販売していました。昭和三〇年代に葬祭業へと転じたその提灯屋は、まずは、問屋から造花と花輪の材料を仕入れて、組み立てて販売したようです。テッタイドとは直接関係のない業務から開始し、取り扱い品目を増やしていったのです。葬祭業者となった提灯屋は、その後、自らの親戚の葬儀を請け負ったことを出発点として、葬儀に詳しい者として司会もやってくれると評判になり、葬儀の受注を徐々に増やしていったのです。一九九〇年代には、この葬祭業者が、この地区の葬儀受注の約七割を占めていたと言います。

かつての、テッタイドを中心に葬儀が行われていた時代の人びとは、通常の社会関係を維持してさえいれば、自家の葬儀には他家からの葬儀の助力を期待することができました。互酬関係が成立していたため、各個人は自らの死後の処理をある程度の安堵《あんど》感をもって推測することができていたのです。誰かが死んだら自分が手伝って葬儀を済ませたように、自分が死んだときもみんなが来てくれて葬儀をしてくれるだろうという安心感があったようです。

これに対して、葬祭業者に葬儀を任せることは、業者と死者・喪家との関係が一回ごとの金銭の授受によって清算されることを意味します。それは、人びとの間に手伝う／手伝われるという互酬関係がなくなることであり、各個人が生前のうちに自らの死についての安心を確保することができなくなったことを示していると、山田は見ています。

葬祭業者によって担われる葬儀が主流となった現代日本で死んだ場合、死者はどのように扱われるのでしょうか？　二〇〇〇年頃の日本では、七割以上の人びとが、病院やその他の施設で死亡したようです。ほとんどが、病気に罹って病院などに入院したからです。そして以下のステップを踏みながら死後の処理が行われてきました。

①死の判定はもっぱら医師に委ねられており、「死亡診断書」は医師によって発行されます。死因不明または事故死などの場合には行政解剖が、自殺や犯罪による死亡の場合には司法解剖が行われます。解剖が行われた場合には、警察医によって「死体検案書」が発行されます。

②葬儀の執行には、「葬祭業者」が大きな役割を果たします。病院から遺体が搬出される段階で、遺体が葬祭業者へと引き渡されます。遺体は、自宅か葬祭業者の葬儀場

で、遺族と最後の時間を過ごした後、通夜と葬儀が行われます。③葬儀と並行して、死体の取り扱いは「墓地、埋葬等に関する法律」に基づいて行われます。自治体に死亡届を提出すると、「火葬許可証」が発行され、火葬されると、火葬許可証に火葬執行済と記入された「埋葬許可証」が発行されます。埋葬許可証をもって、遺骨は納骨（あるいは、散骨）されるか、自宅に安置されます。献体の場合、葬儀終了後、死体が大学病院などで医学研究に供され、その後、火葬され、遺骨が遺族の元に届けられるのです。

このように、現代日本の死の手続きは一般に、①死の判定→②死の儀礼→③死の行政処理という流れとして整理できます。これが、高度成長期以降、葬祭業者によって担われるようになった日本の死の手続きのあらましです。ところが今また、様々な社会的・経済的環境の影響によって、日本の死は激的に変容しつつあります。

6　葬儀の変化、死の消滅

まずは、葬儀への葬祭業者の介入以降の変化を見ておきましょう。葬祭業者が広く介入するようになると、前出の和歌山県の漁村における事例で見たように、各個人が生前に自らの死に対する安堵感を確保しにくい状況が出現しました。しかしそのことで逆に、各個人は、自らの死について考える自由を得たようです。それまでは全員が同じように弔われるものだったために一人の個人が疑問を挟む余地がなかったのです。

そしてその中から、葬儀が決まったやり方で行われることに疑問を投げかける人びとが現れるようになりました。現代日本における葬儀の問い直し（相対化）への道が開かれたのです。

その一つとして、「葬送の自由をすすめる会」は一九九一年に相模灘《さがみなだ》で、散骨による「自然葬」を行いました。行政当局（法務省と厚生省）はその直後、自然葬は節度を守って行えば問題はないとの公式見解を示しています。そのほかにも、本人が生存している間に行われる、ほぼ葬儀の形をとった集会である「生前葬」や、本人が生きている間に、自分らしい葬儀のための手続きを事前に予約しておく「生前予約葬」などがあります。余談ですがアメリカでは一九九〇年代末から、人工衛星を利用して、遺骨を宇宙に散灰する「宇宙葬」が行われてきています。葬儀の形が大きく変化してきたことが見てとれるでしょう。

二〇一〇年代に入ると、宗教学者の島田裕巳が著書『葬式は、要らない』の中で、日本の伝統文化がいま大きく変容しつつあり、葬儀が消滅しつつあると主張しました。「葬式が要らない」という主張ではなく、葬式がいまの日本で無くなろうとしているという指摘でした。

家の中でやっていた葬式を業者に頼んで外でやるようになると、お金がかかるようになりました。一九八〇年代のバブル経済の時代はとくに大規模葬式が多くなり、費用がしだいにかさむようになったのです。その後、バブルがはじけると、通夜・告別式をせず火葬を行う「直葬《じきそう》」が増えていきます。また、高齢化社会が進むにつれて、死者数が増え葬式が増えてきている一方で、高齢者は付き合いもあまりなく、かつてのような社葬（会社が執り行う葬儀）もなくなり、参列者はどんどんと減ってきています。このような背景に基づいて島田は、高齢化や社会環境の変化の影響で、葬儀は「無くなろうとしている」と分析したのです。

二〇二〇年代になると、島田は、葬式が消滅方向に向かうのと並行して、墓もまた消滅しつつあると言います。新たな墓は造らず、すでにある墓はしまう（＝なくす）方向に向かっているのです。島田は同時に、家族だけで行う「家庭葬」が今後の葬儀の基本形になるだろうとも予測しています。そのような葬儀の広がりによって、そもそも死の事実は他者に伝えられなくなり、「死の消滅」の時代が到来するだろうとも述べています。

島田は、近未来の日本の「死の消滅」を語った著作『葬式消滅』を、以下のような言葉で締めくくっています。

個人の死というものが、以前とは違い重要なものではなくなり、それにつれて葬儀も重要性を失ってきました。

それは、葬儀というものは、難しく考える必要がなくなったということでもあります。世間体を気にする必要もなければ、故人の遺志にかなったものでなければならないと思う必要もないのです。

葬式をカジュアルなもの、気軽なものとして考える。今はそれを基本にしてもいいのではないでしょうか。

個人の死は、かつて家族や共同体の中で丁重に扱われていました。それゆえに各個人は生前、自らの死を、安心感をもって推測できたのです。その後、高度成長期以降になると葬儀は業者によって担われるようになり、安心感が崩れるとともに、葬儀形式の問い直しが行われるようになったのです。

そしてついに、社会環境の変化に伴って、葬儀自体が重要性を失い、個人の死までもが重要なものでなくなりつつある時代に突入したのです。葬儀は今日、カジュアルなもの、気軽なものが基本になりつつあるのだと島田は述べています。

葬儀が消滅し、死そのものも消滅しつつあると予測される近未来の日本社会は、私には、ある種の「先祖返り」であるように見えます。というのは、私自身がフィールドワークを続けている狩猟採集民プナン社会では、今も昔も死は忘却されるべきものであるとされ、葬儀そのものがとても簡素なかたちで行われてきたからです。

近未来の日本社会における死は原点への回帰なのでしょうか？　現代日本の死は、私たちの社会がみずからひっくり返っているのではないでしょうか？　人類学でひっくり返してみる必要がないのかもしれません。その点を考えてみるために、以下では、日本の死をめぐる習慣と比較しながら、プナンの死の習俗を取り上げてみようと思います。

7　人が死ぬと残された家族の名前が変わる

プナン社会には、人が死ぬと残された近親者たちが名前を変える「デス・ネーム」という習慣があります。それはたとえば、こんなふうです。ブニという男にはブウォという妻がいました。妻ブウォが死ぬと、ブニは「アバン」と呼ばれるようになりました。その後、アバンはアニという名の女性と再婚し、再びブニとなりました。これはブニに限ったことではなく、妻を亡くした夫であれば誰であろうとも、アバンと呼ばれるようになります。その後、再婚すると、ふたたび本名へと戻るのです。

子どもが亡くなった場合にもまた、その子と関係がある家族・親族は、名前を変えます。第一子が死んだ場合、父母ともども「ウユン」という名前になります。父母は第二子が死んだ場合、「サディ」、第三子は「ララー」、第四子は「ウワン」……という名前に変えられます。そしてしばらくしてその母が死ぬと、やもめとなったその父はふたたび「アバン」と呼ばれます。このように、プナンは死を契機として名前を変えるのです。

一般に「デス・ネーム」として知られる、プナンを含むオラン・ウル（山の民）と総称される先住民の習慣を、プナン自身は、「名前を変える（*ngeliwah ngaran*）」と呼んでいます。はたして何のために、そんな習慣があるのでしょうか？ 名前とはいったい何かという点から探ってみることにしましょう。

プナンにとって人間は、身体、魂、名前の三つの要素を備えた存在だとされます。人間を構成する三つの重要な要素のひとつとして、名前があるわけです。イギリスの人類学者ロドニー・ニーダムは、その三つの要素とそれらの相互の関係を描いています。人間には身体と魂があり、しかしそのふたつの要素の結合は不安定なものです。それらをしっかりと結びつける接着剤のような働きをするものこそが、名前なのです。いや、接着する役割をもっているだけではありません。名前は、名づけと名づけられること以上の重要性を持つ、身体と魂と並ぶ存在（者）の構成要素なのです。

その名前が、身体と魂をしっかりとつなぎ止めておく役割を果たすために、何かが起こるたびに新たな名前が必要であるかのように、人の生活史の中でころころと変わるのです。

ニーダムはまた、そのことを以下のように説明します。

［プナンは］生涯に何度も自分の名前を変えることがあります。病気その他の危機的状態の際に名前を変えるのが普通であるため、その人間の当面の名前は永続的な個人性の指標というよりはむしろ変化の証拠と考えることができる

プナンは、重篤な病気に罹《かか》った場合に個人名を変えることを含めて、変化する名前とともに暮らしているのだとも言えるでしょう。身体と魂をしっかりとつなぎ止めておく

のが名前だというよりも、名前を次々と変えていくという「刺激」のようなものを与えてやらないと、身体と魂はしっかりと定まらないのです。

プナンが主体的に、自発的に名前を変えるのではありません。生や死に関わる出来事が、外側から名前を変えるように強いてくるのです。プナンの感覚からすれば、近親者が死ぬと、名前がどこか別の場所からやって来て、私の名前だけでなく、私の周りの人たちの名前をごっそりと替えてしまうのです。個人名はあるのだけれども、日常では口にされないので、それらはどこかに漂っているような、自分から離れてしまったような、不思議な感覚を催します。名前はそのうちに個人名に変わることもあれば、次に起きた死によって、別のデス・ネームに変わることもあります。

このことを踏まえて次に、日本社会の「戒名」や「法名」の習慣と比較しながら、デス・ネームについて考えてみたいと思います。

8　日本の戒名とプナンのデス・ネーム

日本では、死者に対して戒名や法名が与えられます。前述の島田は、戒名の成立の歴史的経緯を、次のように整理しています。

戒名とはもともとは仏弟子となるために授けられた名前でしたが、時代が進むにつれ、仏教寺院に経済的な貢献をした人に院号・院殿号を伴って与えられるようになりました。その後、江戸時代に寺請制が広がると、人々は葬式、法事、墓地の管理を寺に委任するようになり、戒名、過去帳、位牌《いはい》、法要を組み入れた葬送慣行が確立されます。一六世紀初めに書かれた『貞観政要式目』などの戒名の手引書を手本としながら、追善供養として死者に戒名を付けることが、日本社会に広く定着していったのです。

それは、言い換えれば、それまで生きていた人の「不在」に対して名が与えられる習慣だとも言えるかもしれません。

戒名に関して、宗教社会学者のヘルマン・オームスは、死者は生前の「俗名」を捨て独立した存在となり、新しい死出の旅を始める時に、「戒名」が授けられると言います。ヘルマンは、そのような過程を経て死者の魂は位牌と塔婆に入れられ、儀礼の対象となると捉えました。

デス・ネームとの比較で述べれば、死者に名前を付けることは、死者の輪郭をはっきりさせた上で、祖先祭祀《そせんさいし》（祖先を供養し祀《まつ》ること）の対象とすることに関わっています。死者は死後に新しい名前を授けられることで、「新しい生命」を持った存在者として「あの世」にいるのです。そのことによって遺族は、仏壇や墓などを通して、死者を弔い祀ることができるようになるのです。

それに対してプナン社会では、死者に新しい名前が付けられるどころか、死者の名前は口に出してはならないとされます。残された者たちの会話の中で、どうしても死者に言及しなければならない場合には、死体を埋葬するために作られた棺の素材である樹木の名前を用いて、「ドゥリアンの木の男（*lake nyaun*）」、「赤い沙羅の木の女（*redu keranga*）」などという言い方でヒソヒソとほのめかされるだけです。死者は無名化される傾向にあります。

プナンは、死者の名前を呼ぶことを忌避して死者を無名化し、それと同時に、死者と関わりのある人々の名前をデス・ネームに変えてしまいます。日本の戒名との比較で言えば、プナンでは死者を死んだ存在としてくっきりと浮かび上がらせるのではなく、反対に、死者の輪郭を虚《うつ》ろなあやふやなものとします。そして生きている人々の意識は、新しく個人名を与えて刷新された共同体に振り向けられるのです。

死をめぐるこうしたプナンの習慣は、彼らの葬儀とどのように関わっているのでしょうか？

9 死者を「忘れる」

二〇〇六年に一年間プナンと暮らしたフィールドワークで、私には「父」ができました。私は、彼の擬制的な息子として、プナンの人々に受け入れられたのです。

二〇一四年の八月、半年ぶりにプナンの居住地を訪ねた私は、その前月に病死した、共同体のリーダーであった私の「父」の部屋に「母」を見舞いました。その時、「父」が暮らしていた居室の壁が取り払われていることに気づきました。大金を払って、苦労して居住地に運び込まれた応接用のソファーセットも片づけられ、だだっ広い何もない空間が広がっていたのです。私は一瞬のうちに、「父」の死に対する妻や子や孫の深い心痛が大きな渦となって、具体的な行動へと転じているように感じました。「母」は私を一瞥《いちべつ》すると、目に涙を浮かべながらうやうやしくゆるやかに握手を求めてきました。しかし、その後は、「父」については何も語ることなくうつむいて、終始無言でした。遺族は死について語ることだけでなく、死者の名前さえ口に出すことを厳しく禁じられていたからです。

そこにいた人々から、死者が遺した品々はことごとく処分されたと聞かされました。ソファーセットは土葬の直後に庭先で燃やされたと聞きました。それらは、遺品として残されるのではなく、死者がこの世からいなくなったのと同じように滅却されたのです。そこには、生きていた痕跡をすべて消し尽くしてしまうような死への激しい態度が見られました。プナンはなぜこのように荒々しく近親者の死を扱うのでしょうか?

一九八〇年代までの森を遊動していた時代のことを知る人たちから聞くと、プナンはかつて、いくつかの家族で寄り集まって共同体を形成し、小屋に住み、一つの炉を共有して、経済活動を行っていました。男たちは協力して森に出かけ、ヒゲイノシシやシカ類やサル類などの野生動物を狩猟しました。また、男女総出で主食となるサゴ澱粉《でんぷん》を産出したのです。そして、周辺地に食料が乏しくなると、小屋を捨て、みなで獲物を含め糧がある他の場所に移動しました。

プナンが暮らしの場を変えるのは、周辺地に食料が乏しくなってきたという理由からだけではなかったようです。誰かが死んだ場合、残された者たちはできるだけ速やかにその場所から移動しました。人が死ぬと、それが老人であれ幼児であれ、死体を棺に入れてから小屋の炉の下に埋葬したようです。もとより極めて少ないながら、衣服など死者の個人所有物は埋葬されるか、燃やされました。その後、人びとは立ち去ったのです。

アメリカの人類学者のピーター・ブロシウスによれば、プナンはかつて、死が起きると遺体はできるだけ早く彼らが占有していた小屋の炉の下に埋められ、住まいは取り壊されるか焼き払われ、場所を移動していたのです。ブロシウスは、プナンは、死が引き起こす心痛を遠ざけるため、死体を埋葬して住まいを破壊し、死が起きた場所から速やかに立ち去ったと述べています。

プナンは定住するようになった今日でも、死が引き起こす心痛を和らげる目的で、死者のことを口にすることなく、死をできる限り遠ざけようとします。それに対して、私たち日本人は、死者に生前の俗名とは異なる戒名を授け、死後の世界に形を与え、供養の対象としてきました。死者を「死者化」した上で弔いを行う日本人に比して、プナンは、死者をこの世からフェイドアウトさせ、いち早く消滅させることに意を注いできたのです。

死者にまつわる一切合財を取り壊し、死者に連なる品々を焼き払うことは、そうした考えに基づくものだったわけです。私の「父」の死に際しても、部屋が解体され、一切のモノが焼き払われました。プナンは、死者の遺した品々を破壊し、火の中に投げ入れて滅却するのです。今でこそ、他民族やキリスト教の影響を受けて墓を作りはするものの、彼らは死が起きた時でないと墓地には近づきません。もともとプナンには墓などありませんでした。プナンは、死は忘却されるべきものであると考えていて、死者を死が起きた場に埋葬して立ち去るというやり方を行ってきたのです。

そうしたプナンの死への接し方は、「葬儀の消滅」の後に「死の消滅」が予想されている、日本社会の近未来における死に対する態度に似ているとは言えないでしょうか？すでに見たように、現在、少子高齢化などの社会変化に伴って、葬儀自体が重要性を失うだけでなく、個人の死が相対的に重要なものでなくなりつつあります。日本では今日、葬儀がカジュアルで気軽なものになりつつあるという指摘もあります。大きく変容しつつある日本の葬儀の先にある「葬儀の消滅」や「死の消滅」という事態は、人類の原初形態の死の接し方への原点回帰なのかもしれません。

日頃、濃密な人間関係の網の目の中で暮らしているプナンは、死や死者を逸早《いちはや》く周囲から遠ざけてしまおうとする一方で、デス・ネームによって、刷新された共同体で生きる現実に意識を振り向けようとしてきました。現代日本でも社会・経済的環境の変化を背景として、葬儀というものが、そんなに難しく考えるべきものではなく、カジュアルで気軽で、「本源的な」ものへと変容しつつあるのだと言えるでしょう。人類学者がひっくり返すのではなく、現代社会が今、日本人の死をひっくり返しつつあるのかもしれません。

第4章　自然や人間とはそもそも何なのか

森の中でサルやアリと対等に接する人々がいます。

そう書くと、ファンタジーの中の話のように聞こえるかもしれません。しかし実際に、動物や山や川を、自分たちと同じような感覚を持った存在と捉えている人々が暮らす社会があるのです。

私たちは、マンガやゲームの中で人間と動物が言葉を交わしていたりするのに何の違和感も抱かないでしょう。たとえば、映画『もののけ姫』で、猪神族《ししがみ》の乙事主《おっことぬし》は主人公たちとふつうにしゃべっています。猩々《しょうじょう》も、くぐもっていますがしゃべりますね。どれも私たち人間とあまり変わらない存在なのです。そういった感性から成り立っている文化が、特に、先住民と呼ばれている人たちには広がっています。

人間と、動物や山や川といった人間以外の存在が切り分けられている場合には、サルやアリと対等に接する人々がいるのはヘンに思えるのですが、それらが意識や感覚などの点で変わらない存在であると考えられているなら、人々がサルやアリと対等に接するのは、何の不思議も感じられないのです。サルやアリなどの自然は、はたして人間から隔てられるべきなのでしょうか？　この第４章では、そうしたことについて考えて、私たちの自然と人間をめぐる認識をひっくり返してみようと思います。

1　自然と人為という枠組み

やや難しいかもしれませんが、まずは、自然とは何か、人間が作り出すものとは何かという点から考えてみたいと思います。

哲学者のアンディ・クラークは、イルカやマグロの泳ぎの能力には目をみはるものがあると言います。サカナは、たとえば尾ヒレを振ることで、様々な渦巻きや圧力勾配を作り出し、それを使って迅速で俊敏な行動につなげているのです。身の回りにある水という周囲の環境を、泳ぐという行為を実現するためのリソースとして生かすことによって、サカナの遊泳効率は一〇〇パーセントを超えることが可能になるのです。

サカナは、体に備えたヒレを使って、「媒体」である水に逆らうのではなく、水とともに進むのです。トリもまた体に翼を備えていて、空気に逆らうのではなく、空気とともに飛びます。サカナにとっての水や、トリにとっての空気は、穴を穿《うが》ちながら進まなければならないような「物質の塊」ではありません。それらは、サカナやトリにとっては、渦巻きや上昇気流を生み出すべく動いている物質が織りなす「質感」なのです。

それに対して、同じく水の中を進む船にとっては、水中の環境とは克服すべき「障害物」です。機械やロボットにとって、周囲の環境とは解決すべき問題なのです。

その意味で、水の中をサカナが泳ぐ遊泳原理や空をトリが飛ぶ飛行原理は、船や飛行機の動作原理とは大きく異なります。船は、あたかもそれが通過する道に穴を作るかのように、プロペラで水を穿ちながら進みます。飛行機は、プロペラやジェットエンジンで空の中を掘るように進みます。船も飛行機もともに、動力源を用いて水や空気を上回る乱流を生み出しながら前進するのです。

人間は、海を越えて隣の島まで行く時に、人力で船を漕《こ》ぐのではなく、少ない労力で、できるだけ速くたどり着きたいと考えました。やがて努力を重ね、水の抵抗や空気の抵抗を上回る機械を作り出しました。人間は、プロペラやエンジンという機械に頼ることによって、そうした初期の願いを達成したのです。

サカナやトリにとっては、「自然」は抗うべき対象ではなく、一体化するものです。他方で、船や飛行機にとって「自然」環境は、克服すべき問題なのです。そこに、船や飛行機を生み出した人間の考え方が反映されていると見ることができるでしょう。人は、「自然」を人間から切り離した上で、船や飛行機などの機械を作ったのです。

鎌倉時代の禅僧である道元も言っています。水がどんなものであるのかを探究するサカナなどいないし、空がどんなものであるのかを探究するトリもいないと。もしサカナが水を出ればたちどころに死ぬし、トリもまた空から出ればたちまち死ぬとも道元は述べています。

サカナやトリは、水や空気という自然と一体化して生きているのです。サカナが泳ぐ時にサカナは「水に＝属する＝一匹のサカナ」であり、トリが空を飛ぶ時にはトリは「空に＝属する＝一羽のトリ」になるのです。

それに対して、サカナにとって水が、トリにとって空がどのようなものであるかを探究するのは、もっぱら人間です。探究に基づいて人間は、「自然」環境という障害物を克服しようとしたのです。機械を作って、人為的にサカナになり、トリになったのです。サカナやトリになった人間は、より速く水の中を進み、滑空しようと願ったのです。

人間は「自然」を人間から隔てた上で、それに介入し、「自然」を克服してきました。人間の手を加えられたものが「人為」で、加えられていないものが「自然」だと考えられてきました。「自然と人為」。それは、「自然」の中に暮らす私たち人間にとって大きなテーマです。

人間の手を加えられたものなのか、あるいはそうではないものかという軸で捉えることは、あらゆる事物を区分けする時に参照される重要な枠組みです。以下では、人為という視点によって分けられた、自然と人間というテーマを探ってみようと思います。

2 人間から分け隔てられる動物

最初に取り上げるのは、動物と人間というテーマです。

人間は動物です。みなさんは、いまさら何をそんなあたりまえのことを言っているのかと思うかもしれません。でも、人間が動物であることは、日常ではほとんど意識されないのではないでしょうか？　それどころか、動物と人間は違う存在だと考えられています。

動物を人間から区別して考えることは、動物という存在が、人間が管理しコントロールできる生き物であり、人間が生きていくために役立たせるものであるという考えと結びついているように思えます。動物は家畜として人間に育てられ、畜産工場では人間の食肉供給のために集団で殺されます。

動物は人間とは異なる存在であると、私たちはいったいどうやって考えるようになったのでしょうか？

でもこの問いは少しヘンかもしれませんね。イヌやネコなどのペットを含めて、それらは人間ではないと思うのはあたりまえのことだからです。でもイヌやネコに、自分の家族と同じように愛情を注ぐこともあるでしょうし、むしろ人間以上にペットを可愛《かわい》がったり、慈しんだりすることもあるでしょう。そんな時、イヌやネコは、話しかけて対話したり、互いを気にかけたりすることによって、人間よりも人間らしく感じられる存在であることになります。

もしそうだとすれば、イヌやネコは人間と通じ合う存在なのだけれども、他方で、山や森に住んでいる野生動物は人間とは異なる得体のしれない存在であり、食べるために飼われている家畜も人間とは違う物質的な存在だということになります。そういうふうに考えていくと、動物の捉え方にもバリエーションがあることに気づきます。それと同時に、人間以外のすべての動物は、人間とは異なる存在だという特定の「考え」を一律化して、あらゆる動物を見ていこう、扱っていこうとする態度が、これまでの歴史のどこかの段階で現れたと予測することができるのです。

動物は人間から隔てられ、かつ、人間よりも劣る存在であるという「考え」は、主に、西洋の「自然」をめぐる思考の歴史の中で培われてきた見方だと考えることができます。ここでは、西洋の人たちがどのように動物を人間から隔てて扱うようになったのかを概観しておきましょう。

西洋における自然をめぐる哲学（自然哲学）は、紀元前七世紀頃の古代ギリシア哲学にまで遡ることができます。ギリシア哲学が「自然」を、人間が飼い慣らすべきものとして捉えるようになったのです。それ以前の哲学では、「自然」は何かを生み出すものだと捉えていました。しかし、プラトン以降のギリシア哲学は、「自然」は生み出されたものであり、人間によって飼い慣らされるべきものと捉えるようになったのです。

やがてその自然哲学にキリスト教神学の考え方が加わりました。歴史学者の池上俊一によれば、ヨーロッパでは一三世紀以降に、人間ではなく動物を被告とする「動物裁判」が盛んに行われるようになりました。子どもを死なせてしまったブタに死刑が課されると、ブタは逆さ吊《づ》りで処刑され、その肉が食用にされることもありませんでしたし、農作物を荒らす虫や小動物は教会から破門にされたのです。それは、森林開墾などが進められ、人間による「自然」のコントロールが強まってきていた時代のことであり、動物に対して人間による訴訟手続きを進めることにより、「自然」を人間のもとに屈服させる意図があったのではないかと考えられます。

自然哲学はその後、一七世紀ルネサンス期のデカルト、一八世紀の啓蒙《けいもう》主義の時代のカントを経て、一九世紀のヘーゲルによって完成されます。ヘーゲルの「主奴の弁証法」とは、「主（人間）」が「奴（自然）」に対して弁証法的に覇権を確立するとする見方です。

今日、私たちはあちこちで、思考する「主体」である人間と対比させて、思考しない、精神を持たない、死せる「客体」として人間以外の存在を捉える、自然と人間の二元論の断片に出会います。それは、長い時間をかけて、ヨーロッパ世界を中心として生み出された考え方です。現代世界で起きている現象の多くは、この二元論思考に基礎づけられているということができます。こうした自然と人間の二元論の具体的な例のひとつが、動物と人間という区分けなのです。

ドイツ・オーストリアのドキュメンタリー映画『いのちの食べかた』（二〇〇五年）を手がかりとして、自然と人間の二元論思考を探ってみましょう。その映画は、食糧が作られる現場を記録しています。ショッキングなのは、ウシの屠畜《とちく》場面です。ウシは、首から先だけをこちらに向けて突き出します。屠畜人が現れて、頭部に衝撃を与えてウシを失神させます。まだ心拍がある状態でウシは吊り下げられるのですが、その段階で血は固まっていません。その後腹が裂かれて、血抜きが行われます。また、元気なブタたちも、ベルトコンベアに送り込まれ、出てきたときには体毛が焼き削《そ》がれて片足を吊るされます。

孵化《ふか》したヒナ（ヒヨコ）が、ベルトコンベアで運ばれるさまは凄絶です。ピヨピヨと鳴いているのですが、命を持った動物ではなくただの物体が流れているように見えます。畜産工場において動物たちは、「思考しない」「精神を持たない」存在と考えられているのです。牛肉、豚肉などが低価で安全な食べ物として広く流通していることに工場畜産の果たす役割は大きいですし、現代の私たちの食生活はこうした工場畜産なしにはありえません。

動物を見ることについて考察した、小説家・評論家のジョン・バージャーは、人間が動物を周縁に追いやってきたと言います。動物園では劇場的なディスプレイが施され、「動物をエキゾティックで疎遠なものへとますます追い込んでいく」と述べています。今日ではあちこちで人間と動物の関係は途切れているのだと言うことができるでしょう。

こうした考えは日本国内にもすでに浸透しています。小林照幸のノンフィクション作品『ドリームボックス』では、人間と動物の途切れた関係性の先にある、ペットをめぐる現代社会が描かれます。高度成長期には、現在の倍以上である年間一〇〇万匹のイヌ・ネコが殺処分されていました。野良犬《のらいぬ》や野良猫の繁殖率が高く、イヌ・ネコの不妊・去勢手術が一般化していなかったからです。

野良犬は一頭ずつ木製バットで殴り殺され、焼却炉に放り込まれていました。後に、金属バットによる撲殺に替えられたのですが、木製バットのほうが即死させやすかったと言います。その後、イヌ・ネコの苦痛を和らげて殺処分するために「ドリームボックス」が登場しました。ボタン操作で装置の中に閉じ込められ、そこに炭酸ガスが注入されることで、殺処分されるようになったのです。

動物愛護センターに連れて来られたイヌは、「抑留犬日報」に掲載され、ホームページで公開されます。抑留犬日報に記載された日から一週間後にイヌたちは殺処分されるのです。

『ドリームボックス』には、こうした抑留犬をめぐる元飼い主と職員のやり取りだけでなく、モリを腹に打ち込まれた後に救出されたネコに対する市民の関心の高まり、殺処分される予定の犬猫を救うため、不妊・去勢手術を施して行われる譲渡会など、ペットを救う活動が盛り込まれています。私たちは、ペットと共存しながら、その状況を人間と動物という分断線に沿って複雑化させてしまったのかもしれません。

動物はペットでもあり、食糧でもあります。内澤旬子の『世界屠畜紀行』には、手作業で行われる屠畜作業から、大規模な工場畜産に至るまで、商業屠畜の詳細が示されています。私たち現代人は、食用動物の屠殺《とさつ》と解体をもっぱら見知らぬ誰かに委ねていています。動物の血や個体の死に接することなく、肉を食べ続けています。その意味で、食に供される生き物としての動物は、人間から隔てられた、私たちにとってとても遠い存在です。

3　自然と人間の二元論に抗する思考

前出の『ドリームボックス』のところで、殺処分されるイヌ・ネコを救い出す市民活動が行われていることを紹介したように、動物が人間から切り離されている状況に対して、他方では、動物と人間のつながりを取り戻そうとする動きもあります。

一九世紀にはすでに、動物を人間から隔てられた位置に置くような考えとは相容れない考え方が登場していました。人間が他の動物から進化したと考える、チャールズ・ダーウィンの生物進化論です。聞いたことがある方も多いでしょう。

進化論によって、動物は人間と別の存在ではなく、進化という連続性の軸で捉えられるべき存在だとされたのです。一八七一年に刊行された『人間の由来』では、精神が、最下等の動物において最も原初的に現れるところから、人間文明において頂点に達するまでの発展が扱われています。

二〇世紀の後半、一九七五年のピーター・シンガー『動物の解放』の出版は、今日の動物の権利をめぐる運動に大きな影響を及ぼすことになりました。功利主義の流れを汲《く》むシンガーは、脊椎動物は一般に脳や神経の仕組みや行動が似ており、人間と同じような感情を備えているのだと指摘しました。シンガーは、人間だけが幸福になったり不幸になったりすればいいと考えるだけでは不十分だと唱えたのです。西洋では今日、人々は、動物の権利をめぐる運動に好意的で、動物の適切な取り扱いに関する諸課題に向き合っています。

そうした世界の流れ、特にアニマルライツ（動物の権利）をめぐる今日の議論の一端を、ここでは見ておきましょう。南アフリカの作家J・M・クッツェーのフィクション『動物のいのち』の中のひとつのエピソードを取り上げます。作中で、オーストラリア在住の女性作家エリザベス・コステロは、アップルトン・カレッジから講演の招待を受けて、人による動物の扱いについて論じます。コステロはいきなり過激な発言をします。

私たちは堕落と残酷と殺戮の企てに取り囲まれていて、それは第三帝国がおこなったあらゆる行為に匹敵するものです。実際、私たちの行為は、終わりがなく、自己再生的で、ウサギを、ネズミを、家禽を、家畜を、殺すために絶え間なくこの世に送り込んでいるという点で、第三帝国の行為も顔色なしといったものなのです。

第三帝国とは、一九三三～四五年に、ヒトラーおよびナチの支配下にあったドイツの政治体制のことです。コステロは、動物たちを殺すためにこの世に送り込んでいる私たちのやり方は、第三帝国も顔なしだというのです。彼女は、過激なアニマルライツ（動物の権利）論者なのです。

このコステロの意見表明に抗議するために、著名な詩人はディナーを欠席した上で、彼女に手紙を送ってきました。

貴女はご自分の目的のために、ヨーロッパで殺されたユダヤ人と屠殺された家畜という、ありふれた比較を借用しておられました。ユダヤ人は家畜のように死んだ、したがって家畜はユダヤ人のように死ぬ、とあなたはおっしゃる……もしユダヤ人が家畜のように扱われたとしても、家畜がユダヤ人のように扱われていることにはならないのです。たんに逆に置き換えることは、死者の霊にたいする侮辱です。それはまた、収容所での恐怖に安っぽいやり方でつけ込むものです。

手紙の中で抗議者は、ユダヤ人の虐殺と家畜の大量屠畜を同列に並べるコステロを批判します。その言い方は、ホロコーストで死んだユダヤ人に対する侮辱だと言うのです。菜食主義者であるコステロは、薬物実験場、養殖場、屠殺場、食肉処理場などを全面否定しています。人と動物は平等だというのが、コステロの譲れない主張なのです。コステロの発言は、聴衆を苛立《いらだ》たせたのですが、それはまた動物を人間から隔てて扱ってきたことに対する過激な抗議でもあるのです。

ところで、アニマルライツと似ているようで少し違うのが「動物愛護思想」です。簡単に言えば、それは、動物を愛して守ろうという考え方です。その背景には、動物虐待は我々の人間性を貶《おとし》めることになるという、人間のあり方に対する倫理的関心があります。

それに対してアニマルライツは、動物にも人間と等しい道徳的資格があり、人間は動物に対して直接的な責務を負っていると考えるのが特徴です。アニマルライツには、現在に至るまで、人間と動物も同等に「最大多数の最大幸福」が目指されるべきだという考えや、動物実験や工場畜産は禁止されるべきだと主張する考えまで、様々な考え方があります。『動物のいのち』の話は、後者のエピソードです。

もうひとつ、アニマルライツをめぐる日常風景のひとコマを小説から取り上げてみましょう。上田岳弘の小説『私の恋人』の中で、主人公の井上由祐が、反捕鯨団体の活動に定期的に参加している恋人のキャロライン・ホプキンスから問いかけられるシーンがあります。

「逆に聞きたいですけど、どうして、わざわざ鯨を食べる必要あります？」

「よくわからないな。牛とか豚とかはいいの？」

「ほんとうは駄目よね。でもひとつひとつすっきりさせないと、もっと駄目ですね？かわいそう、思うのは自分に近い存在だから。そうですね？　ロブスターより鶏かわいそう、鶏より豚かわいそう、豚より鯨かわいそう、鯨よりイノウエかわいそう。近いところからゆっくり広げていって、かわいそう、広げていくの」

なぜわざわざクジラを食べる必要があるのかと問う、反捕鯨集会に参加するキャロライン・ホプキンスに対して井上由祐は、それでは、ウシやブタならいいのかと問い返しています。その質問に対してキャロライン・ホプキンスは、「かわいそう」の対象を、人間に近いところから始めて、遠いところへとゆっくりと広げていけばいいのだと応答しています。

私たちには、「かわいそう」の中心を保護できる動物からどんどん広げていくという発想がどうもしっくり来ないのかもしれません。いつになったら、虫や微生物が全て含まれるようになるのでしょうか？　動物なのか植物なのかはっきりしない変形菌（粘菌）などはそこに含まれる日が来るのでしょうか、来ないのでしょうか？

こうした疑問が浮かぶことから言えるのは、人間と動物の間の平等性は「理念」としては唱えられていますし、一定の理解も得られているのですが、「現状」としては、必ずしもその通りになっていないということなのです。アニマルライツもなかなか複雑な問題を抱えているようですが、ここではこれ以上深くは立ち入りません。

西洋の「自然」をめぐる歴史の中にも、動物を人間から隔て、たんなる客体として扱うのではなく、人間と動物の平等を理想とした考え方もあると考えておいてください。

こうした二元論に抗する考え方を、学術面に絞って（やや難しいかもしれませんが）、あといくつか見ておきましょう。

一七世紀には、レンズを研磨する技術の発達と顕微鏡の発明が、自然と人間の二元論に大きな影響を与えました。顕微鏡をのぞくと、ふだんは見えないものが見えます。肉眼でも雪の結晶は見えますが、顕微鏡を使用すればより細かいところまで見ることができます。同時に、結晶は同じような構造でできていることも分かります。このようにして、顕微鏡の発明によって、どんな微細な部分にも理法のようなものが宿っていることが明らかになったのです。言い換えれば、世界には、独自のある種の理性が働いていることが分かったのです。

顕微鏡が誕生したその時代に、哲学者スピノザは、あらゆる自然に神の理法が宿っていると唱えました。スピノザにとって「自然」は、理性を持つ人間から隔てられるものではなく、人間と連続していたのです。

二〇世紀初頭になると、生物学者ユクスキュルが、生き物ごとの認知能力によって生きられている世界を「環世界」と名づけました。生き物ごとにそれぞれの世界があると考えたのです。たとえば、成体の雌ダニは光の刺激を受けて木の枝に登り、哺乳動物が木の下を通るまで待ちます。動物が近づくと酪酸の匂いを嗅いで落下して付着し、毛の密度が少ない暖かい場所にたどり着いて、血を吸います。環世界論では、人間と他の生き物の認知能力自体には差がないのです。そうした考えは、当時の生物学ではとても異端的な考え方でした。

「自然」を人間から隔てる二元論思考から発展を遂げた西洋の哲学や科学は、このように、それに抗する反・二元論思考をつねに引き寄せてきたのです。その中で、本書の基盤である人類学は反・二元論の系譜、つまり「自然」が人間から隔てられるのではなく、「自然」と人間が連続していると捉える思想の系譜に連なる傾向にあります。その流れは、ブラジルを横断して調査旅行をした後に、言語学者ローマン・ヤーコブソンにインスピレーションを得たクロード・レヴィ＝ストロースから始まりました。

ヤーコブソンは、世界にある様々な言語には、その言語の範囲内で見出せる「弁別特性《べんべつとくせい》」があることを発見しました。あらゆる音素は、「母音的／非母音的」「無声的／有声的」などの指標によって、プラスとマイナスの価値で表すことができるのです。たとえば日本語では、「赤い（akai）」と「高い（takai）」は、母音（/a/）と非母音（/ta/）を最初の音素として用いて、それぞれの単語が作られています。つまり、言葉はデジタル記号のように構造化されているのです。

言語という人間の「内なる自然」では、ある種の理性が働いていると考えたのがレヴィ＝ストロースです。その点で、「自然」と人間は連続しています。その点を踏まえて、人間の「外なる自然」もまた同じように、人間から連続しているのだと言えます。レヴィ＝ストロースによって開かれた自然と人間のあり方を探る人類学思考は、その後、「民族誌（エスノグラフィー）」の中に継承されてきています。

以下では、ふたたび動物と人間というテーマに戻って、民族誌の中で、自然と人間がどのように扱われてきたのかを探ってみましょう。

4　トリと動物と人間の三者間関係

ここからは、主に非西洋社会の自然観を取り上げます。まずは、アフリカの民族鳥類学の研究からいくつか紹介してみましょう。トリの囀《さえず》りが人間の猟を助けたり、逆に、動物を助けたりすることに関して、いくつかの事例が報告されています。

カラハリに住むグイ・ブッシュマンにとって、キクスズメ（グイ語では、ツォエン）

の声は、ライオンの接近を人間に知らせてくれるものです。それだけでなく、人間がゲムズボック（別名：オリックス）に近づいてきていることをゲムズボックに知らせているとも考えられています。グイには、人間に危険を知らせるとともに、動物にも危険を知らせるトリがいるのです。

つぎにアフリカ中央部のイトゥリの森に住むエフェ・ピグミーという人々の事例です。エフェの人たちによると、サイチョウの一種（*aloo*）は、アカオザルやブルーモンキーと一緒に行動し、それらに近づくものがあれば鳴いて知らせると言います。また、アフリカヒヨドリ（*akpupole*）は、キノボリセンザンコウを見つけると、人間に鳴いて知らせることがあります。ここでも、グイ・ブッシュマンと同じように、トリはサルに危険を知らせたり人間に獲物の在《あ》り処《か》を知らせたりするのです。

ムブティ・ピグミーは、サイチョウの一種（*kohekohe*）やキミミヒメゴシキドリ（*bururu*）などのトリを「ゾウのトリ」と呼んでいます。それらのトリたちは、人間が近づいてくるとゾウの耳元で鳴きながら飛び回って、ゾウに危険を知らせます。同じく「ゾウのトリ」とされるベニハシヒメショウやコビトカワセミは、逆に、赤い嘴《くちばし》を示すことでゾウの居場所を人間に教えるようです。

ムブティにはほかにもいろいろなトリがいて、「オカピのトリ」はオカピの周囲を飛び回ってオカピに危険を知らせると言いますし、ノドジロムシクイヒヨ（*amapopo*）は「チンパンジーのトリ」とされ、人間にチンパンジーの居場所を知らせます。「ダイカー類のトリ」もまた、人間にダイカーがいることを知らせます。ムブティの人たちは、「あのトリが鳴くところにはこの動物がいる」とか、「あのトリには人間が近づいていくと、この動物のまわりで騒ぎたてて危険を知らせる」というふうに説明するようです。

トリたちが、動物あるいは人間に対して何らかの危険を知らせるという点に関しては、アフリカ大陸から遠く離れた東南アジアのボルネオ島でも、同じようなことがあります。狩猟採集民のプナンは多くの時間を熱帯雨林の中で過ごします。森の中にはヒゲイノシシやシカ、ジャコウネコにマレーグマや、テナガザルやカニクイザルなどのサルたちがいて、プナンはそれらを狩って食べています。

テナガザルは、「グレートコール」と呼ばれる、複雑な音声パターンから構成される美しい声を発します。朝その声を遠くの森に聞くと、プナンはテナガザルをしとめるために森に入ることがあります。そして獲物であるテナガザルの近くにまで行くと、プナンが「テナガザル鳥」と呼んでいる「カオジロヒヨドリ」が鳴いているのをしばしば耳にします。ヒヨドリの鳴き声はとてもやかましいのです。

プナンは、テナガザル鳥の囀りを、テナガザル鳥がテナガザルを助けるために囀っているのだと解釈します。プナンはテナガザル鳥の「聞きなし」をするのです（聞きなしとは、野鳥の囀りや動物の鳴き声を、人の言葉に置き換えて理解しようとすることです）。テナガザル鳥の声を聞いて、ハンターたちは樹上のテナガザルをしとめようと音を立てずにその場に駆けつけます。ところが、ライフル銃を樹上に向けても、あるいは吹き矢で射ようとしても、すでにテナガザルはその場から姿を消していることが多いと言います。

テナガザルもテナガザル鳥もともに樹上で果実を食べるので、けたたましいテナガザル鳥の鳴き声でテナガザルが逃げてしまっているだけなのかもしれません。しかしプナンのハンターからは、テナガザルはテナガザル鳥によって命を救われるように見えるのです。逆に言えば、プナンはそのことで、狩猟に失敗すると考えているのです。

リーフモンキーの命を助けるトリは、リーフモンキー鳥と呼ばれますし、ボルネオハシリカッコウは、ヒゲイノシシが木の下で果実を齧《かじ》っていると、その傍《そば》に来てうるさくがなり立て、人間の接近を知らせていると言います。プナンにとってトリは、一般に、人間ではなく、動物の味方をする存在です。

森の中ではトリが動物の味方をし、そのことがトリの名づけに関わっているということの事例から、いったいどのようなことが言えるのでしょうか？　少し考えてみたいと思います。

プナンは森に入っていく時、ハンターとしてテナガザルをしとめるという目的を持っています。プナンは狩る「主体」であり、テナガザルは狩られる「客体」（対象）としてイメージされているはずです。ところが森には、人間→動物という、主体→客体のイメージをひっくり返す存在がいるのです。それが、テナガザル鳥です。

プナンにとって、森という場は、「狩る側の人間」と「狩られる側の動物」という二つの対立項だけから成り立っているわけではないのです。森では、テナガザル鳥という第三者が、「狩る／狩られる」という二項に介入してきます。そしてそれは、つねに動物の側であるテナガザルの味方をするのです。プナンにとって森は、人間と動物たちという複数種が、それぞれ主体として立ち現れる世界だと言うことができるように思います。言い換えれば、そこでは、人間だけが主体なのではありません。森では、トリや動物もまた主体として立ち現れるのです。そしてトリは、人間を客体と見てその動きをつぶさに察知し、サルに危険を知らせるのです。

でもテナガザル鳥はほんとうにそんなことをしているのでしょうか？　自然科学的に言えば答えはNOでしょう。トリはサルの味方をしようという意思を持って囀っているわけではありません。プナンの人たちが、森の世界を、そのようなものとして見立てているのです。自分たちのことを見ているトリたちによって、自分たちが企てた狩猟が失敗することがあるということをあらかじめ知っているのです。失敗することがすでに織り込み済みの世界に、プナンは狩猟に出かけるのだと言えるでしょう。

それは、狩猟に成功することがつねに前提とされていたり、そのことが目指されていたりするだけのあり方とはどこか違っていると思いませんか？　トリもまた人間とそれほど変わらない存在として、同じように世界に参加しているし、そうした存在によって人間の企図はつねに挫《くじ》かれる可能性があると知った上で、プナンは森へと狩猟に出かけていくのです。そこでは、動物も人間も、同じように世界に働きかける主体としてイメージされているのです。生き物ごとにそれぞれの世界があって、動物と人間は連続しています。「自然」は人間から隔てられているわけではありません。

5　動物は思考し、森も思考する

森の中にいる動物は、ただ狩られる客体（対象）ではなく、主体として存在するということを説明してきました。つまり、動物たちもまた人間と同じように精神を持ち、思考する存在だと捉えられているということです。非西洋諸社会の先住民の多くはそのように考えてきたように思われます。

こうした「存在論」は、本章2節で見たような、思考する主体である人間と対比させて、人間以外の存在を思考しない、精神を持たない客体と捉える、西洋で培われてきた思考とは対照的な考え方だと言えるでしょう。「存在論」とは、私たちの住まう世界がどのように「ある」のかについての考え方のことです。

とはいうものの、これでは西洋と非西洋の思考をいくぶん対照的に捉えすぎているかもしれません。動物と人間、自然と人間を截然《せつぜん》と切り分ける考え方は、確かに西洋思考に支配的なのかもしれませんが、非西洋社会においても同じように、人間を自然から隔てる思考法がないとは言えません。本章の3節で見たように、西洋社会にも、自然と人間の二元論だけではなく、それに抗する反・二元論的な思考が現れたように、非西洋社会にもまた、両方が同時に存在するということは、とりわけ、グローバル化する現代では、十分にあり得ることです。このように事態はより複雑ですが、本書では事態をいくぶん単純化して語っていることを、ここではお断りしておきます。

さて、ここでは、「森それ自体」も思考していると主張した、カナダの人類学者エドゥアルド・コーンの、エクアドル東部のルナの人々をめぐる民族誌『森は考える』を取り上げてみましょう。コーンの研究の目的は、思考するのは人間だけという考えに深く囚《とら》われてしまっている私たちの当たり前をひっくり返してみることです。その目的は、本書の主題にもぴったりと重なりますね。それでは見ていきましょう。

ある時突然、家の外でイヌたちが「ウアッ、ウアッ、ウアッ」と、獲物を追跡するように吠《ほ》え声をあげたことがありました。続いてそれは「ヤ、ヤ、ヤ」と、獲物に襲いかかろうとするようなものに変わったと言います。その直後に、イヌたちの声は「アヤーイ、アヤーイ、アヤーイ」という、反撃を受け苦痛を味わった時に上げる甲高い声にふたたび変わりました。

この一連の吠え声の変化から分かるのは、イヌたちがヤマライオンとアカマザマジカを混同していたという事実です。両者はほぼ同じ大きさで、いずれも黄褐色の毛を持つ動物です。イヌたちは最初この黄褐色の動物を、捕食対象であるアカマザマジカだと勘違いしたのでした。ところが、実際は危険な捕食者のヤマライオンだったのです。イヌたちは、それを感知して退却したため命拾いしたようです。

つまりイヌたちは、ヤマライオンとアカマザマジカが違う動物であることに気づくことによって、間一髪で生き残ったわけです。ここでは二種の動物の違いを情報としてつかまえる直前に混同していた事実が、逆説的に、イヌがものを考えていることを示しています。獲物と捕食者を見間違えるなんて「愚か」かもしれません。しかし、イヌが「とても、とても愚か」であったことが、イヌが思考することの証《あかし》になっているのです。

このように見ていくと、生き物たちもまた思考していることが分かるのです。

次にハキリアリをめぐるルナの人たちの活動を取り上げてみましょう。ハキリアリは北米東南部から中南米の熱帯雨林に広く分布する三ミリメートル〜二〇ミリメートルほどのアリで、栄養価のある葉を巣に運び込み、その葉に菌を植え付けて食料のキノコを栽培する生態を持っています。そのため「農業をする生物」として知られています。ふだんハキリアリは、梢《こずえ》から摘み取った草木の切れ端を巣へと運ぶ長い列の状態で観察されます。

ハキリアリは年に一度だけ生殖行動を行います。ある日の夜明け前に、羽つきの女王アリを巣から吐き出して、他のコロニーの雄アリと交尾させるのです。

そしてハキリアリは脂肪分たっぷりで美味であるため、そのご馳走《ちそう》を狙って人間もまた毎年、わずかなタイミングを待ち構えて捕まえようとします。ハキリアリをつかまえて食べるのは、人間だけではありません。コウモリも飛行中のアリに襲いかかって腹部を噛《か》みちぎります。そうした捕食者たちの裏をかいて、ハキリアリは夜行性と昼行性の捕食者たちから最も見つかりにくい夜明け前を選んで巣から飛び立つのです。

そうなると人間は、ハキリアリだけでなく、それを狙うその他多くの生きものの間のコミュニケーションを巧みに利用しながら、大量のアリを手に入れようとしていることになるでしょう。アリのことだけを考えればいいわけではなく、コウモリの思惑のことも考えねばならないのですから。

このように、森に住まう生き物たちはみな、食べるために、あるいは食べられないように各々が思考しながら行動していることになります。森は、思考する生き物が集まって織りなされるネットワークからできているのです。

ところで、ルナの人々はトウモロコシを育てているのですが、トウモロコシ畑には毎年、メジロメキシコインコが作物を食べにやって来ます。人々はトウモロコシを守るために、この「害鳥」を追い払わなければなりません。そのため、板の上に猛禽《もうきん》類の顔を彫って目を描いて、「カラス嚇《おど》し」を作ります。いわゆる案山子《かかし》です。そしてそれはたくさんのメジロメキシコインコを追い払うことに成功します。

そして実際に「カラス嚇し」が効果を発揮していることから、メジロメキシコインコの考えていることに関して人間の推量があたっていることが分かるのです。トウモロコシを食べにやって来るメジロメキシコインコの視点から森を見た時に、彼らにとって猛禽類がどのように見えるのかを、人間が想像する試みが「カラス嚇し」なのだと言えるでしょう。ここでもまた、生き物たちが思考を巡らせあっていることがわかります。

また、ルナのある男は、川の岩の下にいるヨロイナマズをつかまえようとする時に、ヨロイナマズに気づかれないように、ショウガの一種である果実を砕いて、手を濃い紫色に塗っていたと言います。ルナの人たちは、捕まえようとする生き物の視点に立って世界を見ようとするのです。その時、ヨロイナマズがどのように思考するのかを先読みしながら、人間は行動しているのです。

『森は考える』では、ルナの人たちも周囲にいる動物たちも、どちらも思考する存在であることが示されます。こうした、思考する動物たちのネットワークからできているのが、森なのです。このようにして、動物が暮らす森それ自体もまた、総体として、思考していることになるのです。思考し、精神を持つのは人間だけではありません。動物や虫たちだけでなく、森もまた思考しているのです。

6　山や川もまた人間

ここまで来ると読者のみなさんにも、先住民の人たちが、動物は考えたり精神を持つ存在だと捉えていたりすることには、すでに違和感や抵抗感がなくなったのではないでしょうか？　人間以外の動物たちもまた、思考し、精神を持つ存在だという認識は、それほど奇異なことでもないように思えてきたのではないかと思います。これまでにも見てきたように、非西洋社会の民族誌には、そういった事例が豊富に報告されてきていますます。まだまだあるのでもう少し紹介しておきましょう。

カナダ亜北極のチペワイアンにとって、トナカイは集合的な意思を持つ存在です。また、北西アマゾニアのマクナにとって、獲物とサカナは、知識や主体性だけでなく、それ以外の人間的属性を持つ存在です。川を泳いだり、森で吠えたりする時には、サカナや獲物の姿で現れるのですが、自分たちの家に入る時には、羽毛の冠と儀礼的な装飾をまとって、人間の姿になると考えられています。マレー半島のチュウォンの人たちにとっては、人間も人間以外の動植物もともに自在に姿を変えることができるので、それらのほんとうのアイデンティティーを突き止めるのは難しいと考えられています。アマゾニアのアシュアル社会では、ほとんどの動植物が自らの社会でルールに従って暮らしています。獲物は人間の男たちによって姻戚として、栽培植物は女たちによって親戚として扱われます。

これらは、ほんのいくつかの例です。民族誌には、西洋思考の深くに根を降ろす、自然と人間の二元論思考とは相容れない「存在論」が豊かに示されてきたのです。

さらに言えば、先住民たちは、動物だけが思考し、精神を持つ存在だと考えているわけではありません。非生物あるいは無生物もまた同様に思考し、精神を持つ存在として捉えている事例報告がたくさんあります。

アメリカ北西部太平洋沿岸地域に住む先住民トリンギットは、氷河は音を聴くことができるし、人々が氷河について語っているのを聴くことができるので、氷河が腹を立てたり動揺したりしないように、氷河の前では言葉に気をつけなければならないと言います。面白いのは、氷河に耳があると思っているわけではないところでしょう。別のやり方で、しかし自分たちと同じように、聞いていると考えているのです。

人類学者のマリソル・デ・ラ・カデナは、二〇〇六年にペルーの町で、アウサンガテ鉱山の利権獲得に抗議するデモに参加したことがありました。彼女は、そのデモには、アルパカと羊を放牧して生計を立てている牧草地が鉱山開発によって破壊されることに抗議するという目的があるのだと考えていました。しかしアンデスの先住民男性に尋ねると、彼のデモ参加の動機は、人間を殺しかねないアウサンガテ山の怒りを鎮めるためだったということが分かりました。その後、デ・ラ・カデナは、先住民たちは、その男と同じような考えを持っていることを知るようになったのです。

感覚を持つ「地のものたち」と呼ばれるアウサンガテ山が傷つけられて、その怒りを人間にぶつけてくることを、人々はとても恐れていたのです。そもそも古くから、鉱業はアンデスの人々の生活の一部でした。そして鉱業化の過程でトンネルが掘削された段階ではまだ大丈夫だったのですが、現代の鉱山企業はダイナマイトで岩石を吹き飛ばし、鉱脈を追って、「地のものたち」を破壊してしまうため、彼らは、そのことが、アウサンガテ山の怒りを買うと考えたのです。

人々にとって、現代の露天採鉱はたんなる自然破壊ではなく、感覚的存在者である山々と人間、動植物がともに暮らす世界の破壊につながるのです。山を怒らせるべきではありません。

山に人格を認めるアンデスの人たちの事例が、部分的にであっても、現代の開発への歯止めになったように、自然を人間から隔てない考え方は、自然に向き合う現代人にとって現実的な意義がありそうです。

最後に、その点を考えるために、ニュージーランドの先住民マオリの事例と、それが現代世界に持つ意味を取り上げてみましょう。

マオリの人々は、一九世紀半ばにイギリス直轄の植民地になるずっと以前から、トンガリロ山からタスマン海にまでニュージーランド北島の中心を流れるワンガヌイ川に「人格」を認めてきました。人々は、日々の糧の多くをこの川に依存し、カヌーで旅をし、川岸に村を築いてきたのです。

ワンガヌイ川に暮らす人々の間には「私は川であり、川は私である」という言いまわしがあります。彼らの「トゥプナ（祖先）」は自然の中に生き続けていて、祖先たちがいるこの大切な自然を保護することが、生きている人間の務めなのです。ワンガヌイ川が開発されるという話が持ち上がるたびに、マオリの人々は反対し、川の法的な人格権を政府に求めてきました。

長年にわたるその訴えは、二〇一〇年代に入って急速に賛同を得て、とうとう認められることになりました。二〇一七年にニュージーランド政府はワンガヌイ川に法人格を認めたのです。ちなみに同時期に、インドではガンジス川とヤムナ川の法人格が認められ、コロンビアでも山に対して人格を認める法律が制定されています。人々にとって、川や山を傷つけることは、人間を傷つけることと同じなのです。

法人格が認められた今では、川の汚染や無許可の破壊活動など、ワンガヌイ川流域に対する脅威があれば、川は訴えを起こすことができます。ワンガヌイ川自体が財産を所有したり、契約を結んだり、自ら訴えたりすることができるのです。そして人間や社会の側には、その訴えを聞き届けて対応する姿勢が求められることになります。

川に人格があるなどということは、マオリのような伝統的な考え方をもつ人たち以外にはすんなり納得してもらうことは難しいかもしれません。たんなるファンタジーとして捉えられるだけかもしれません。しかし、「信じられない」と思ってしまう裏には、人間と「自然」は別物だとする考え方があることを思い出してみてください。

私たちは、当たり前と感じているそういった思想をひっくり返して、洪水や土砂災害などを、川自らが上げている声と捉えて、その声に応答しようとする姿勢について考えてみることが大事なのです。その姿勢は、川の氾濫を災害であると捉えて治水工事をしたり、あるいは利水するだけの資源（対象）と捉えたりする、人間本位の自然哲学を改めて、人間と自然を連続性の位相のもとに捉える思想へと立ち戻ることにつながっています。

そういう視点で考えてみようとすることの先に、川に法的な人格が認められた意味が浮かび上がってくるでしょう。マオリのように川に法人格を与えることとは、「自然」は人間から隔てられることなく、人間以外の存在と人間とが連続性のもとで世界を分かち合い、生き残っていくための「知恵」であり、ある種の社会的な実験なのです。川や山に法人格を認める動きは、「自然」を人間とは別物だとする、広く知れ渡った考えをひっくり返して、私たちが住まう近未来の世界を想像し創造するための人類史的な試みでもあるのです。

この章の説明を踏まえて、身の周りで起きていることに関して目を向けて、「自然」と人間の関係がいったいどうなっているのかについて、ぜひ、みなさんも考えてみてください。

おわりに

本書の全体を簡単に振り返ってみましょう。

第1章では、教えたり、教えられたりする役割がない社会に目を向けて、教育とは、学ぶとは、覚えるとは、そもそもどういうことなのかということを考えてみました。

第2章では、世界中で、富む者と貧しい者の格差がますます広がって、権力が誰かに集中するのを避けられないなかで、そもそも貧富の格差を解決し、権力を集中させないように工夫をしている社会に目を向けて、そこでは、経済的・政治的平等性がどのように達成されてきたのかを検討しました。

第3章の前半では、うつ病やその他の心の病が蔓延《まんえん》する現代日本から離れて、うつ病が「ない」社会を紹介した上で、日本には存在しない「精神病理」的な現象を取り上げて検討しました。後半では、日本におけるここ一〇〇年くらいの葬儀の変容を振り返って、私たちが現在、葬儀が「要らなくなる」社会に向かっているという見通しを示しました。

最後に第４章では、私たちが、動物や自然を人間から切り離して見ている点から出発し、そうした見方がそもそもどのようになされ、広がってきたのかを探りました。その上で、それとは反対に、動物や自然に意識や感情があると捉える先住民の自然観に触れて、世界では、人間を自然から隔てるような考え方がそれほど当たり前ではないことを指摘しました。

まとめると、本書では、そもそも学ぶってどういうことなのか、貧富の格差や権力の集中しないことってそもそも不可能なのか、心の病ってそもそも何なのか、私たちは死に対してそもそもどのように向き合うべきなのか、そもそも人間は自然から切り離されるべきなのかという問題を順に考えてきたことになります。本書で扱ったのは、いわゆる「そもそも」論だったのです。

「そもそも論」は、与えられた目の前の問題の解決にあたるのではなく、話を蒸し返すため、場の空気を読まない議論として、煙たがられる傾向があります。この話にはそもそも無理があるのではないかと述べながら、ちゃぶ台をひっくり返すように考えていくと、議論は前に進むどころか、停滞してしまうのです。本書『ひっくり返す人類学』では、人類学で、ちゃぶ台返しをしてきたことになります。

実は人類学は、「そもそも論」がとても得意なのです。ティム・インゴルドは、人類学が一般にそうした特異な傾向を持つ学問であるため、人類学の研究者は、様々な問題に関する公的な議論にしだいに呼ばれなくなったのだと指摘しています。公的なディベートでは、人類学者は、

質問者を非難し、その暗黙の前提を明るみに出し、こうした前提をもたない他者ならば、その問いを異なるしかたで提示すると述べることだろう。簡単な答えなどない。人類学は、あなたが知りたいと思っていることを言ってはくれない。つまり人類学は、あなたがすでに分かっていると思っていることの基礎をぐらつかせる。人類学の研究者たちには、以前より賢明ではあるが、スタート時点よりも知識の量が少なくなっているという結果で終わってしまうかもしれない。(『人類学とは何か』奥野克巳・宮崎幸

子訳、亜紀書房、二〇二〇年）

「そもそも論」は、人々がすでに分かっていると思っていることの基礎をぐらつかせます。そして、目の前に与えられた問題に対して議論を進め、知識を増やすのに貢献するのではなく、知識の量はむしろ議論のスタート時点より少なくなってしまうかもしれないのです。それは一見、停滞しているかのように見えるかもしれませんが、目の前の問いの存在意義や必要性を疑う点で、人類学を通じて、私たちは「より賢明」になることができるのです。

ビジネスコンサルタントの細谷功が、『考える練習帳』（ダイヤモンド社、二〇一七年）と題する本の中で示している身近な事例から、「そもそも論」とは何かに関してもう少し探ってみましょう。たとえば、職場のモチベーションを上げるために、あれやこれやと新しい働き方を考えている場面で、「そもそも論」者であれば、新しい働き方がそもそもなぜ必要なのだろうかと考えます。そもそも、いったい何が問題なのかという問いへと立ち返るのです。

そうすることで、より上位の大きな問いにたどり着くことが可能になります。問題そのものを定義し直すことで、「長期的視野に立って仕事に取り組むにはどうすればいいのか」とか、「上司と部下の齟齬《そご》をなくすにはどうすればいいのか」という新たな問いを持ち出して、本質的な議論へと階段を一段上がるのです。

こういった思考法こそが、「そもそも論」です。人類学は目の前に与えられた問題をひっくり返してみることに長《た》けています。なぜなら、インゴルドが言うように、目の前にある問題に対して、それが今とここから遠く離れた場所で、我々と同じ前提を共有することがない他者たちが、異なるしかたで問いを立てていることを知っているからです。

では、なぜ今「そもそも論」が必要なのでしょうか？　それは、世界が臨界点に達しており、私たちにはもはや、この崖っぷちの世界だけしかないからです。

森は開発によって荒廃させられ、鉱業は大地をすっかり掘り返してしまっています。化石燃料の燃焼は、気候に甚大な影響を及ぼしています。生きていくのに必要なモノの不足が、大量虐殺に至る衝突をもたらしています。グローバルな生産、分配と消費のシステムは少数者に富をもたらす一方、多くの人たちを慢性的な貧困や不安に追いやっています。

人類にとってこうした未曽有の危機的状況の中で、生が今後も続いていくためには、私たちはいったいどうすればいいのでしょうか？　答えはどこかに転がっているのではなく、探し出さなければなりません。身の周りにある哲学や科学を追及してみても、「問題解決型」の思考法だけでは答を見つけることはできないでしょう。危機が困難であればあるほど、目の前にある問題をいったんひっくり返してみるような、アクロバチックな思考法を手がかりにするしかありません。

その時に威力を発揮するのが、私たちのやり方や考え方をいったん括弧《かっこ》に括《くく》って、どこそこではこうである、あちらではそうなっているという別の可能性にあたりながら、私たちが依拠している前提それ自体をひっくり返す人類学です。人類学とともに、いったん私たちの目の前にある問題をひっくり返してみて、解くべき問題がそもそも的を射たものなのか、そもそも限られた状況の中で、私たちが問題を解こうとしているだけなのではないかということから考え直してみるのです。

読者のみなさんが今後、人類学とともに、ひっくり返す思考法を身につけて、私たちの目の前に横たわる数々の困難にチャレンジしていくことを願っています。

編集者の甲斐いづみさんから二年ほど前に、原ひろ子著『子どもの文化人類学』文庫版の出版に寄せて解説を書いてほしいという依頼を受けました。しばらくして、ちくまプリマー新書でも執筆の依頼をいただき、わりと短期間で、自由に書かせていただきました。草稿に関するコメントなどから、甲斐さんには、大学時代の専攻だった文化人類学に対する深い理解と愛がうかがえます。

加藤志異さん、喜屋武悠生さん、山田彩加さんをプナンに「連れて行った」のは私ですが、フィールドワークをとおして、彼らの発する言葉から本書執筆のヒントが与えられ、私は別のところに「連れて行かれた」気がしています。本書を書くにあたってお世話になったみなさんに、謝意を表します。

二〇二四年五月

奥野克巳

参考文献

第1章

今井康雄編『教育思想史』、有斐閣アルマ、二〇〇九年
インゴルド・ティム『メイキング　人類学・考古学・芸術・建築』、金子遊・水野友美子・小林耕二訳、左右社、二〇一七年
インゴルド・ティム『人類学とは何か』、奥野克巳・宮崎幸子訳、亜紀書房、二〇二〇年
クラストル・ピエール『国家に抗する社会　政治人類学研究』、渡辺公三訳、水声社、一九八七年
原ひろ子『子どもの文化人類学』、ちくま学芸文庫、二〇二三年
フーコー・ミシェル『監獄の誕生〈新装版〉』、田村俶訳、新潮社、二〇二〇年

第2章

石井光太『世界と比べてわかる　日本の貧困のリアル』、PHP文庫、二〇二三年
石井光太『本当の貧困の話をしよう』、文春文庫、二〇二二年
和泉悠『悪口ってなんだろう』、ちくまプリマー新書、二〇二三年
ウィラースレフ・レーン『ソウル・ハンターズ　シベリア・ユカギールのアニミズムの人類学』、奥野克巳・近藤祉秋・古川不可知訳、亜紀書房、二〇一八年

エヴェレット・ダニエル・L『ピダハン 「言語本能」を超える文化と世界観』、屋代通子訳、みすず書房、二〇一二年
北西功一「狩猟採集民社会における食物分配と平等 コンゴ北東部アカ・ピグミーの事例」、寺嶋秀明編『平等と不平等をめぐる人類学的研究』所収、ナカニシヤ出版、二〇〇四年
サーヴィス・E・R『未開の社会組織』、松園万亀雄訳、弘文堂、一九七九年
サーヴィス・エルマン「カラハリ砂漠の!クン・サン」、『民族の世界 未開社会の多彩な生活様式の探究』所収、増田義郎監修、講談社学術文庫、一九九一年
箱田徹『ミシェル・フーコー』、講談社現代新書、二〇二二年
橋爪大三郎『権力』、岩波書店、二〇二三年
李美淑「ジャニーズ性加害問題 報道機関は「権力融合型ジャーナリズム」から脱却せよ」、『週刊金曜日オンライン』、https://www.kinyobi.co.jp/kinyobinews/2023/11/10/media-5/
Freuchen, Peter *Book of the Eskimo*. World Publishing Co., 1961
Lee, Richard B. *!Kung San: Men, Women, and Work in a Foraging Society*. Cambridge University Press.
Spencer, Baldwin and F.J. Gillen *The Arunta Vol.1*. Macmillan Co., 1927
「世界の超富裕層1%、資産の37%独占 コロナで格差拡大」、『日本経済新聞』、https://www.nikkei.com/article/DGXZQOCB272Q20X21C21A2000000/
「新時代の大富豪たち 世界のビリオネアランキング２０２２」、『Forbes Japan』、https://

forbesjapan.com/articles/detail/50780

第3章

池田光穂「文化結合症候群」、医療人類学研究会編『文化現象としての医療』所収、メディカ出版、一九九二年
池田光穂「心と社会　狂気をどのように捉えればいいか？」、池田光穂・奥野克巳共編『医療人類学のレッスン　病いをめぐる文化を探る』所収、学陽書房、二〇〇七年
オームス・ヘルマン『祖先崇拝のシンボリズム』、弘文堂、一九八七年
岡田尊司『ストレスと適応障害　つらい時期を乗り越える技術』、幻冬舎新書、二〇一三年
クレペリン・E「比較精神医学」、宇野昌人ほか訳『精神医学』一七巻一三号所収、医学書院、一九七五年
佐古泰司・飯島裕一『うつ病の現在』、講談社現代新書、二〇一三年
島田裕巳『戒名　なぜ死後に名前を変えるのか（増補新版）』、法蔵館、二〇〇五年
島田裕巳『葬式は、要らない』、幻冬舎新書、二〇一〇年
島田裕巳『葬式消滅』、株式会社G．B．、二〇二二年
清水徹男『不眠とうつ病』、岩波新書、二〇一五年
スーズマン・ジェイムス『働き方全史「働きすぎる種」ホモ・サピエンスの誕生』、渡会圭子訳、東洋経済新報社、二〇二二年

ニーダム・R『人類学随想』、江河徹訳、岩波現代選書、一九八六年
山田慎也「葬祭業者を利用することとは　互助から契約へ」、新谷尚紀編『死後の環境　他界への準備と墓』所収、昭和堂、一九九九年
和田秀樹『うつの壁』、幻冬舎新書、二〇二三年
Bakker, Mirte J., van Dijk, J. Gert, Pramono, Astuti, Sutarni, Sri and Tijssen, Marina A.J., 2013 "Latah: An Indonesian Startle Syndrome", *Movement Disorders* 28（3）: 370-9
Brosius, Peter *The Axiological Presence of Death: Penan Geng Death-Names*（Volumes 1 and 2）. PhD dissertation, Department of Anthropology, the University of Michigan, Ann Arbor.1992
Needham, Rodney "Penan Friendship-names". *The Translation of Culture: Essays to E.E. Evans-Pritchard*. Beidelman, T.O.（ed.）, pp. 203-230. Tavistock Publications Limited. 1971.
Winzeler, Robert L. *Latah in South-East Asia: The History and Ethnography of a Culture-bound Syndrome*. Cambridge University Press, 1995
「国内の「うつ」は17・3%　コロナ禍で割合増の深刻」、『東洋経済オンライン』、https://toyokeizai.net/articles/-/460203

第4章

池上俊一『動物裁判』、講談社現代新書、一九九〇年
市川光雄「ムブティ・ピグミーの民族鳥類学」、伊谷純一郎・米山俊直編著『アフリカ文化の研

究』所収、アカデミア出版会、一九八四年
煎本孝『文化の自然誌』、東京大学出版会、一九九六年
上田岳弘『私の恋人』、新潮文庫、二〇一八年
内澤旬子『世界屠畜紀行』、角川文庫、二〇一一年
木田元『反哲学入門』、新潮社、二〇〇七年
クラーク・アンディ『現われる存在　脳と身体と世界の再統合』、池上高志・森本元太郎監訳、早川書房、二〇二二年
クッツェー・J・M『動物のいのち』、森祐希子・尾関周二訳、大月書店、二〇〇三年
コーン・エドゥアルド『森は考える　人間的なるものを超えた人類学』、奥野克巳・近藤宏監訳、近藤祉秋・二文字屋脩共訳、亜紀書房、二〇一六年
小林照幸『ドリームボックス　殺されてゆくペットたち』、毎日新聞社、二〇〇六年
菅原和孝『狩り狩られる経験の現象学　ブッシュマンの感応と変身』、京都大学学術出版会、二〇一五年
スピノザ『エティカ』、工藤喜作・斎藤博訳、中央公論新社、二〇〇七年
ダーウィン・チャールズ『人間の由来』（上）（下）、長谷川眞理子訳、講談社学術文庫、二〇一六年
デ・ラ・カデナ・M「アンデス先住民のコスモポリティクス　『政治』を超えるための概念的な省察」、田口陽子訳、『現代思想』45（4）：46-80頁、青土社、二〇一七年

寺嶋秀明「イトゥリの鳥とピグミーたち」、『人間文化』所収、二〇〇二年
ドゥグラツィア・デヴィッド『動物の権利』、戸田清訳、岩波書店、二〇〇三年
道元『正法眼蔵』（1）、増谷文雄全訳注、講談社学術文庫、二〇〇四年
バージャー・ジョン『見るということ』、飯沢耕太郎監修、笠原美智子訳、ちくま学芸文庫、二〇〇五年
ヘーゲル・G・W・F『精神現象学』、長谷川宏訳、作品社、一九九八年
ヤーコブソン・ローマン『一般言語学』、川本茂雄監修、田村すゞ子・長嶋善郎・村崎恭子・中野直子訳、みすず書房、一九七三年
ユクスキュル／クリサート『生物から見た世界』、日高敏隆、羽田節子訳、岩波文庫、二〇〇五年
レヴィ＝ストロース・クロード『野生の思考』、大橋保夫訳、みすず書房、一九七六年
Cruikshank, Julie *Do Glaciers Listen?: Local Knowledge, Colonial Encounters, and Social Imagination.* University of Chicago Press.
Descola, Philippe and Palsson Gisli（eds.）, *Nature and Society: Anthropological Perspectives. Routledge.* 1996
「ニュージーランドが川に「法的な人格」を認めた理由：聖なる力をもつ、先住民マオリの「祖先の川」」、ナショナル・ジオグラフィック、https://natgeo.nikkeibp.co.jp/atcl/news/20/022700131;
The New Zealand river that became a legal person, BBC,https://www.bbc.com/travel/article/20200319-the-new-zealand-river-that-became-a-legal-person

ちくまプリマー新書

276
はじめての哲学的思考
苫野一徳
哲学は物事の本質を見極める、力強い思考法を生み出してきた。誰もが納得できる考えに到達するためのその思考法のエッセンスを、初学者にも理解できるよう伝える。

287
なぜと問うのはなぜだろう
吉田夏彦
ある／ないとはどういうことか？　人は死んだらどこへ行くのか――永遠の問いに自分の答えをみつけるための、哲学的思考法への誘い。伝説の名著、待望の復刊！

308
幸福とは何か
――思考実験で学ぶ倫理学入門
森村進
幸福とは何か。私たちは何のために生きているのか――誰もが一度は心をつかまれるこの問題を、たくさんの思考実験を通して考えよう。思考力を鍛える練習問題つき。

429
神さまと神はどう違うのか？
上枝美典
信仰の対象としての「神さま」と哲学の中で問題になってきた「神」はどう違うのか。「神」はいるの？「神」についてモヤモヤしている人におくる宗教哲学入門。

440
ルールはそもそもなんのためにあるのか
住吉雅美
決められたことには何の疑問も持たずに従うことが正しい？　ブルシットなルールに従う前に考えてみよう！ルールの原理を問い、武器に変える法哲学入門。

ちくまプリマー新書

330 日本人にとって自然とはなにか　宇根豊

日本人はなぜ自然が好きなのか。近代的自然観や、百姓の体験に根ざした自然への見方から日本人独特の自然観を明らかにし、新しい自然へのアプローチを提唱する。

385 従順さのどこがいけないのか　将基面貴巳

「みんな、そうしているよ」「ルールだから、しかたがない」「先生がいってるんだから」この発想がいかに危険なものなのか、政治、思想、歴史から解明します。

391 はじめて学ぶ環境倫理——未来のために「しくみ」を問う　吉永明弘

エコで環境はよくなるのか？　なぜ生物の絶滅はダメなのか？　つくられた自然は偽物か？　身近な環境の疑問から未来に関わる問題まで、考えるヒントを教えます。

459 悪いことはなぜ楽しいのか　戸谷洋志

意地悪、ルールを破るなど、いけないことには絶妙に心躍る瞬間がある。なぜそういった気持ちになってしまうのか。私たちのダメな部分から「悪と善」を考える。

422 鬼と日本人の歴史　小山聡子

絵本などでいまでも親しまれている「鬼」。古代では畏怖の対象だったが、次第に都合が悪いものを表す存在となった。その歴史から日本人の心の有様を読みとく。

ちくまプリマー新書

410
歴史学のトリセツ
——歴史の見方が変わるとき

小田中直樹

歴史って面白い？　つまらないならその理由を探るべく、歴史学の流れを振り返ろう。事実、記憶、視野の大小など、その変化を知れば、歴史の考え方が変わるはず。

441
食卓の世界史

遠藤雅司（音食紀行）

地理的条件、調理技術、伝統、交易の盛衰、権力の在り方——。「料理」を通してみると、歴史はますます鮮やかに。興味深いエピソードと当時のレシピで案内する。

450
君主制とはなんだろうか

君塚直隆

この世界最古の政治制度がわかると、世界史がおもしろくなる！　君主の誕生から革命を経て、現代にいたるまでを一望する、かつてない君主たちの5000年史。

184
イスラームから世界を見る

内藤正典

誤解や偏見とともに語られがちなイスラーム。その本当の姿をイスラーム世界の内側から解き明かす。イスラームの「いま」を知り、「これから」を考えるための一冊。

436
ランキングマップ世界地理
——統計を地図にしてみよう

伊藤智章

人口はまだ増える？　自然環境は大丈夫？　ランキングと地図で可視化すると、これまでと違った世界がみえてくる。トリビアな話題から深刻な問題まで総ざらい。

ちくまプリマー新書

401 学校はなぜ退屈でなぜ大切なのか　広田照幸

「道徳は教えられるか」「学校の勉強は仕事に役立つか」「教育は格差を解消できるか」「ＡＩ社会で教育は変わるか」――広い視点と多様な角度からとらえなおす。

444 学校に染まるな！――バカとルールの無限増殖　おおたとしまさ

学校には、人類の叡智や希望が詰まっている。でも巧妙な出来レースも仕組まれている。さまざまな教育現場を見てきたプロが教える、学校をサバイブする方法。

204 池上彰の憲法入門　池上彰

改正したら、日本の未来はどうなるの？　憲法はとても大事なものだから、しっかり考える必要がある。今こそ知っておくべきギモン点に池上さんがお答えします！

256 国家を考えてみよう　橋本治

国家は国民のものなのに、考えるのは難しい。日本の国の歴史をたどりつつ、考えることを難しくしている理由を探る。考え学び続けることの大切さを伝える。

454 刑の重さは何で決まるのか　高橋則夫

犯罪とは何か、なぜ刑が科されるのか。ひいては、人間とは何か、責任とは何か？――刑罰とは究極の「問い」である。早稲田大学名誉教授が教える刑法学入門。

ちくまプリマー新書

074
ほんとはこわい「やさしさ社会」
森真一
「やさしさ」「楽しさ」が善いとされ、人間関係のルールである現代社会。それがもたらす「しんどさ」「こわさ」をなくし、もっと気楽に生きるための智恵を探る。

270
「今、ここ」から考える社会学
好井裕明
私たちがあたりまえと思って過ごしている日常を社会学を使って見つめ直してみよう。疑いの目を向けることで新しい世界の姿が浮かびあがってくる。

316
なぜ人と人は支え合うのか
――「障害」から考える
渡辺一史
障害者を考えることは健常者を考えることであり、同時に自分自身を考えること。なぜ人と人は支え合って生きるのかを「障害」を軸に解き明かす。

363
他者を感じる社会学
――差別から考える
好井裕明
他者を理解しつながろうとする中で、生じる摩擦熱のようなものが「差別」の正体だ。「いけない」と断じて終えるのでなく、その内実をつぶさに見つめてみよう。

386
「日本」ってどんな国？
――国際比較データで社会が見えてくる
本田由紀
家族、ジェンダー、学校、友人、経済・仕事、政治・社会運動について世界各国のデータと比較し、日本がどんな国か考えてみよう。今までの「普通」が変わるかも⁉

ちくまプリマー新書

409
ウンコの教室
——環境と社会の未来を考える
湯澤規子
学校のトイレに行けない問題からSDGsまで、ウンコから未来を考える。衣食住に「便」を入れると見えるものとは。文理、歴史の壁を越えた探究の旅に出かけよう。

427
客観性の落とし穴
村上靖彦
「その意見って、客観的なものですか」。数値化が当たり前になった今、こうした考え方が世にはびこっている。その原因を探り、失われたものを明らかにする。

447
わからない世界と向き合うために
中屋敷均
この世は思いもよらないことが起きる。確率通りには物事は進まないし、予測しコントロールすることも難しい。それでも自分を見失わないため心構えを届けたい。

458
ネットはなぜいつも揉めているのか
津田正太郎
日々起きる事件や出来事、問題発言をめぐって、ネットユーザーは毎日のように言い争っている。終わりのない諍いを生み出す社会やメディアのあり方を考える。

460
社会学をはじめる
——複雑さを生きる技法
宮内泰介
調査は聞くこと、分析は考えること、理論は表現すること。この社会のことをみんなで考えてなんとかしたい人のための、三つの基礎が身につく入門書。

ちくまプリマー新書464
ひっくり返《かえ》す人類学《じんるいがく》　生《い》きづらさの「そもそも」を問《と》う

二〇二四年八月十日　初版第一刷発行
二〇二四年十月十五日　初版第二刷発行

著者　奥野克巳（おくの・かつみ）
装幀　クラフト・エヴィング商會
発行者　増田健史
発行所　株式会社筑摩書房
東京都台東区蔵前二‐五‐三　〒一一一‐八七五五
電話番号　〇三‐五六八七‐二六〇一（代表）
印刷・製本　中央精版印刷株式会社

ISBN978-4-480-68491-2 C0230 Printed in Japan